令和最新版

海釣り完全読本

陸っぱりから沖釣りまで魚種別必釣法をシンプル解説

TSURINEWS

CONTENTS

装丁・本文レイアウト
田中あつみ

第1章

海釣りの基礎知識

第1章
海釣りの基礎知識
購入の第一歩

釣具店で戸惑わないための5つのポイント
経験者と一緒に行くことができればベスト わからないことは何でも店員に聞いてみよう

釣り未経験者や初心者からすると、釣具店ってなんだか敷居が高いところ。見たことのない道具がところ狭しと並んでいたり、聞いたことのない用語が飛び交っていたり……。でも、釣具店に行けば釣りをするための道具はそろえられるし、どこで何が釣れているのか情報を入手することもできる。確実に釣果を出すために、釣行前に一度立ち寄ることをオススメする。

釣具店を探す

チェーン店や大型店、個人店までさまざま。大型店でいろいろ見てまわるのもいいいし、個人店で個性のある店主と話をしながら買いものをするのもいい。まずは近くの店舗を検索してみよう。

釣具店のほとんどは市街にあることが多く、店舗も大きい。竿は長くて細いため取り扱いに注意が必要だったり、釣った魚を入れるクーラーボックスを購入することも考えると、車のほうがアクセスしやすく便利だ。大型店にはたいてい駐車場があるが、個人店にはないところもあるので事前に調べておこう。

訪問の時間帯

午前中が一番空いている確率が高い。場所にもよるが、日中は買い足しにくる釣り人でにぎわう。とくに金曜日の仕事終わりは混んでいることが多く、意外と平日の昼間でも混んでいる店舗もある。午後は仕事や予定をすませた人や、早朝から釣りに行っていた人が帰りに立ち寄るケースがあるためだ。混んでいるからといってゆっくり見ることができないわけではないが、レジや陳列など釣具店スタッフも忙ししているため、なかなかアドバイスを聞くことがむずかしい場合がある。また、セールをしているときやお正月などは朝から混み合うこともあるので、下調べしてから出かけよう。

店内をひとまわり

まずは、店内を見てまわってみよう。初めはどんな釣りに使うのかがわからず、意味がわからなくてもＯＫ。店の雰囲気や、どのようなお客さんと店員がいるのかもなんとなく把握できるだろう。また、質問しやすそうな店員の目星をつけるのもいい。

あなたが女性であれば、女性店員がいるかどうかも確認してみよう。女性目線で扱いやすい釣り道具やイチ押しグッズを紹介してくれるかもしれない。

店によっては、「初めての人にはこれが必要です」とセットを組んであったり、ビギナー向けにオススメの仕掛けのサンプルを展示していたりもするので要チェック。

店員に質問してみる

釣具店には経験者と行くことがベストだが、もし周りに釣り経験者がいない場合は、わからないことは何でも店員に聞こう。初心者セットのなかにも種類があり、これをまちがえると自分がイメージしている釣りができなくなってしまうからだ。

そのときに大切なのは、自分の経験と、どこでどんな釣りをしたいのかを具体的に伝えること。そうすれば、そのフィールドに適した釣具をセレクトしてくれるだろう。また、予算をハッキリ提示することも大切。より的確なアドバイスや提案が得られるはずだ。

店員とコミュニケーションをとりながらの買いものは、ひとりで携帯とにらめっこしながらするそれよりも楽しいはず。対象魚が決まっていれば、釣り方やオススメの釣り場を教えてもらえることがあるかもしれない。

耐久性と性能、予算のバランスが選択の肝

最初の一本としてオススメはパックロッド 堤防釣り中心なら「磯竿3号2・7メートル」が万能

海釣りで使用する竿は、対象魚や釣り方、釣る場所などに応じて実にさまざまな種類がある。長さや硬さ、素材も1本ずつ特徴が違っており、いったいどれを買えばいいのか頭を悩ませた経験を持つ人は少なくないだろう。

海釣り竿には、大別して「万能竿（パックロッド）」「ノべ竿」「投げ竿」「磯竿」「船竿」「ルアーロッド」と6つの種類がある。それぞれの特徴や用途を理解し、自分に合ったものを選ぶ必要があるわけだが、これから海釣りを始める人に最初の1本としてオススメなのが、汎用性が高く、幅広い用途で使えるパックロッドだ。

パックロッド

パックロッドはマルチピースロッドとも呼ばれ、仕舞寸法が非常に短くなる竿のこと。近年とくに人気が高まっており、低価格のものから高額のものまで各メーカーから多くのモデルがリリースされている。最大の魅力は、なんといっても携行性に優れている点。長さ2メートルほどのロッドが50センチ以内のコンパクトさになる商品も多数あるので、少し大きなカバンを用意すればカバンひとつで釣行可能だ。

【種類と長所】

パックロッドには大きく2種類のタイプが存在する。磯竿やノベ竿のように伸ばして使用する振り出しタイプと、バラバラのピースを継ぐタイプだ。また、継ぐタイプのパックロッドには一般的な2ピースロッドなどで採用される並継ぎタイプ、パックロッド特有の逆並継ぎタイプ、そして印籠（いんろう）継ぎタイプがある。

振り出しタイプは入れ子構造になっており、最終的にグリップの中に収まるので、非常にコンパクトに持ち運べる

ことに加えて、ラインを通したままの移動もストレスなく行なえるのが長所。一方、継ぐタイプは感度がよくて強度も十分、ガイドもしっかり固定されており、ライントラブルが振り出しに比べて少ないという長所がある。

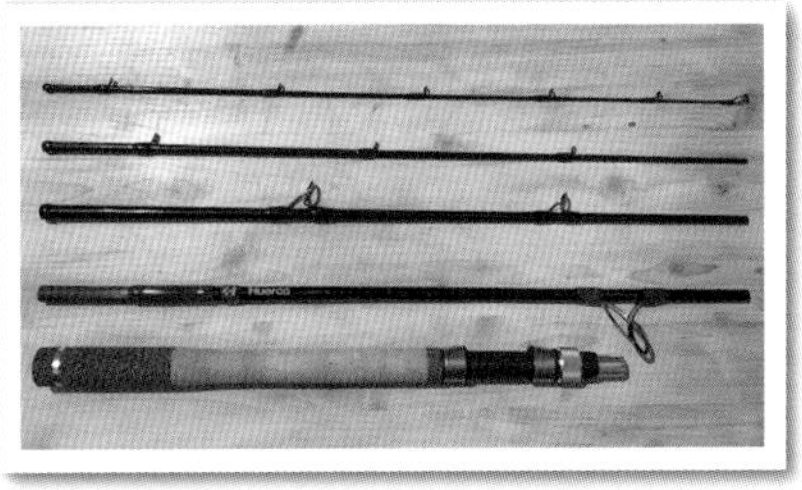
感度がよく強度も十分な継ぐタイプ

【価格帯で選ぶ】

実売価格で5000円前後から高価なものでは5万円近くするものもある。価格差の理由は、マルチピースという基本機能に加え、「軽量化、感度、耐久性の追求」などの快適さを求める機能の向上によるところが大きく、5000円のモデルと4万円のモデルでは使い心地がまったく違う。ただ、5000円のモデルでも十分に釣りを楽しめるので、最初の1本は低価格のモデルで問題ない。快適さを追求するなら、やはり高価なモデルを選んだほうが満足度は上がる。

コンパクトに持ち運べる振り出しタイプ

【ターゲットで選ぶ】

パックロッドには多くの種類があり、対象魚に合ったモデルがかならず存在する。基本的には、軽いルアーや小型の魚をターゲットにする場合はスピニングタイプ、重いルアーや大型の魚を狙う際はベイトタイプがオススメだ。ただ、マルチピースという性質上、どうしても1ピースロッドよりも強度が落ちやすい。大型の魚をターゲットにするのであれば、スペック表に破断強度などを記載しているメーカーもあるので、そちらも参考にしよう。

【釣行スタイルで選ぶ】

釣り場までの移動手段が公共の交通機関、あるいはバイクや自転車を用いることが多い人は、できるだけ移動がスムーズに行なえるよう振り出しタイプを念頭に選ぶといい。また、釣り場を移動しながら釣り歩くスタイルの人も、このタイプがオススメだ。一方、ポイントを決めたら大きく移動は考えない人や、感度重視のルアーゲームがメインの人は、継ぐタイプのほうが合っている。

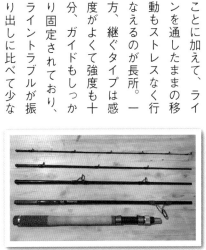

タイプが決まったら、あとはターゲットに応じて決めればＯＫ。最近では○○用と銘打たれたタイプもあるので、対象魚のものがあるなら、それを選択するのがベストだろう。

堤防釣りにオススメ

「堤防で使う釣り竿」とひとくちに言っても、フカセ釣りに使用する磯竿、パックロッドにルアーロッド、投げ竿などその種類は多彩だが、1本でさまざまな釣り方に対応するオールラウンダーが、小継ぎタイプの「磯竿3号2・7メートル」だ。釣法別にこの竿を使用するメリットを紹介しよう。

【サビキ釣り】

短くて自重が軽いため疲れないのが一番。とくに夏から秋口のサビキ釣りでは、それほど仕掛けを遠投する必要がなく、2メートル前後のパックロッドで釣れるポイントも多いので出番は多い。また、磯竿だけに比較的穂先や胴も軟らかく、口の弱いアジなどが掛かっても口切れでバラすことが少なくなる。

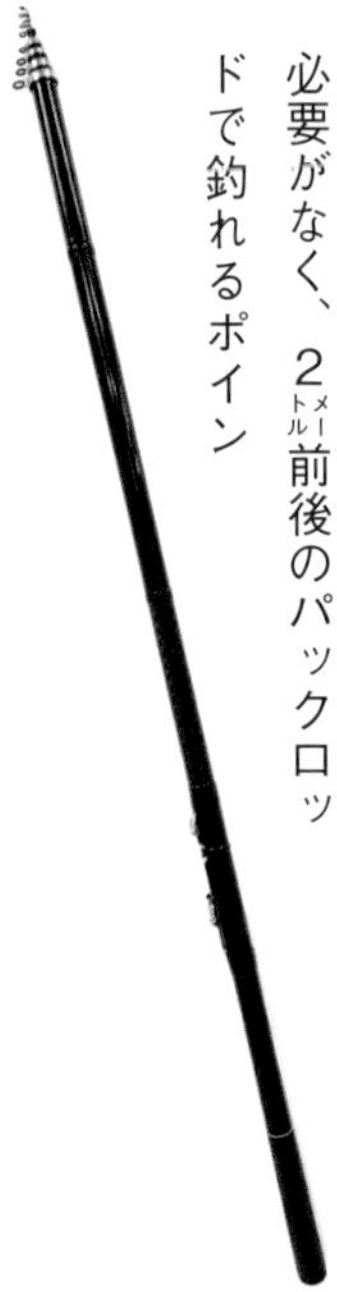
堤防釣りの万能竿

【ちょい投げ】

軽いオモリを投げるちょい投げでは、磯竿の胴の弾力を最大限活かすことができる。そして、シロギスなどが食ってきたときには穂先がググッと入り込むので、食い込みがよいのが特徴だ。また、アナゴなどを狙った置き竿の釣りでも竿が軟らかいぶん食い込みがよく、3号の太さがあれば10号程度のオモリでも投げられる。

【フカセ釣り】

竿が短いため、仕掛けの長さが制約されてしまうが、電気ウキ仕掛けやハリスが短い遊動式の仕掛けなどを使用する際には問題なく利用できる。こちらも自重が軽いので疲れ知らずだ。

【探り釣り】

胴突き仕掛けやブラクリ仕掛けを使った堤防際の探り釣りや消波ブロックなどでの穴釣りでも大活躍。穂先が柔軟なため、前アタリから本アタリまで違和感なく魚に食わせることができる。とくにオモリが10号までの探り釣りではとても扱いやすい。

【アジング・メバリング】

ライトなジグヘッドを使用したアジングやロックフィッシュでも、磯竿の柔軟性を利用して仕掛けを飛ばすことができる。あまり竿が長いと振り切る速度がかえって遅くなるため飛距離に影響するが、2・7《メートル》程度だと十分に振り切ることができる。また、サビキ釣りと同様、アジなどを掛けたあとは、竿が軟らかいので口切れでのバラシが少なくなるメリットがある。

「磯竿3号2・7《メートル》」は、極端に言えば先の仕掛けを替えるだけでどんな釣りにも対応できるアイテム。小継ぎタイプなら仕舞い寸法が70《センチ》程度のため持ち運びも邪魔にならない。堤防釣りがメインならば、このサイズの竿を1本持っておいて損はないだろう。

投げ竿や磯竿、船竿、ルアーロッドについては、第3章、第4章の魚種別釣法を参考に、自分のスタイルに合ったものを選んでほしい。

【投げ釣り専用竿】

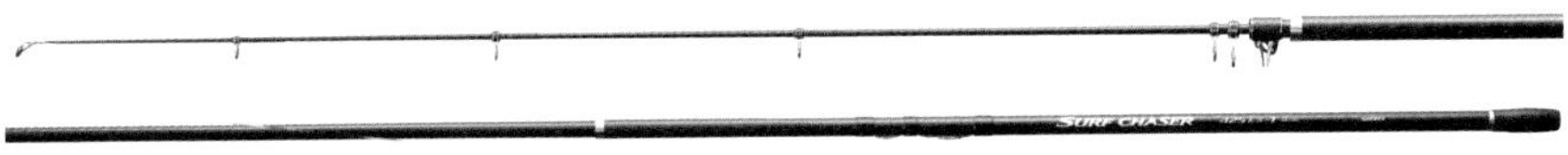

【シーバスロッド】

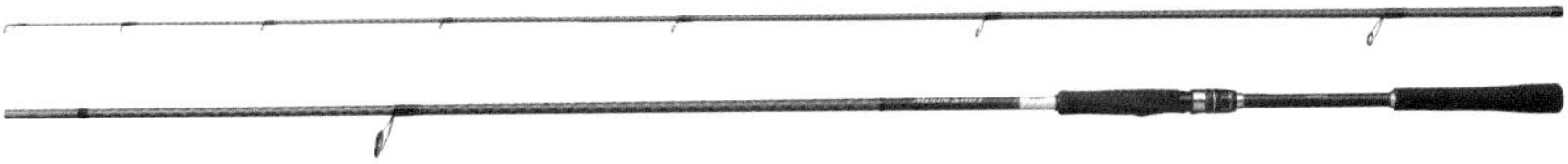

【船 ライトタックル専用竿】

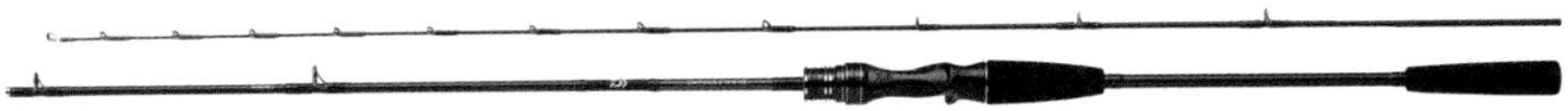

【ソルトルアーロッド】

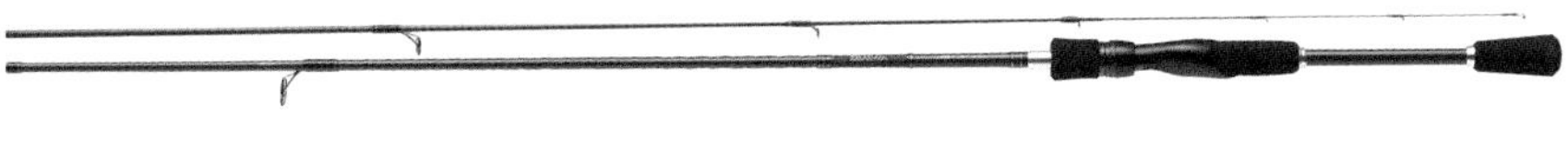

釣り方や場所、対象魚によって使い分けるのが基本

汎用性の高さとトラブルの少なさで選ぶならスピニング。沖釣りメインならベイトを選択

釣りに使用するリールを見ると、スピニングリールやベイト（両軸）リール、電動リール、落とし込みやフライに使用する片軸タイプなどがあるが、大別すると、竿の上に付くタイプと下に付くタイプに分かれる。そして、竿の下側に付けて使用する代表がスピニングリール、上側に付けて使用するのがベイトリールといったタイプだ。

スピニングリール

スピニングリールはスプール（イトを巻いてあるパーツ）の周りをラインローラーやベールなどが一体となったパーツがイトを引っ掛けた状態で回ることで、スプールにイトを巻いていくシステムだ。逆にイトを放出するときには、ラインローラーからイトが外

汎用性に優れるタイプ

投げ釣り専用タイプ

れて、スプールからほどけるように出ていく。

もっとも大きな特徴は、スプールからフリーにイトが引き出されていくので、イトが出る抵抗が小さく、軽いオモリや仕掛けを飛ばすのに役立っている点。本格的な投げ釣りでより遠くへ飛ばすようなときにも威力を発揮する。

巻き取る際にはベール部分が回転することによってスプールへイトを収納していくのだが、スプール径を大きくして、ハンドル1回転させたときのベールの回転数を上げることで、大きく巻き取れるハイギア仕様にもしやすい。

逆にラインローラーを介しての巻き取りとなるため、イトを引っ掛けて巻き取るぶん、負荷が掛かったときの巻き取りは重くなる。

ベイトリール

ベイトリールはイトを巻くのも出すのもスプールそのものが回転する。スピニングリールとベイトリールのもっとも大きな違いといえば、この部分だ。しかし、それゆえに使い勝手も大きく変わってくる。

ベイトリールはスプールが回転することによってイトを巻き取っていくシステムで、工事現場などで見られるクレーンでワイヤを出し巻きする部分や、船ならイカリのロープを巻いている部分をイメージするとわかりやすい。電源のコードなどを巻いておくのはコードリールと呼ばれるように、リールという名が付いている。

イトを出す、もしくは巻くときにはすべてスプールが回転するので、回転する抵抗があるぶん、一般的には飛距離が出にくいとさ

ベーシックモデル

れている。しかし、最近ではその回転抵抗が非常に小さく設計されているベイトリールもたくさん出ているので、飛距離に関しては使いこなせればスピニングリールにも劣らないと言う人も少なくない。

　ただ、仕掛けを投げるときには、投げた直後の初速が速く、徐々に速度が落ちて最終的に着水した時点でイトの出は不要になる。しかし、初速のまま惰性でスプールが回り続けようとすると、イトが出るよりもスプールの回転が先になってスプール内で絡んでしまう。これを「バックラッシュ」といって、ベイトリールにはよくあるトラブルだ。これを防ぐには投げたあとのスプールの回転を指で軽く押さえてブレーキをかける「サミング」という技術を使う。このサミングを使うことで、バックラッシュの防止以外にも、思った距離で止めることができる。

カウンター機能付きモデル

電動リール

　また、ベイトリールはまっすぐに伸びたイトをスプールがまっすぐに巻き取っていくので、負荷が掛かったときにも比較的巻き上げやすい。オモリの重い船釣りなどに多用されるのは、そのためだ。

　さらに、スピニングリールにはないカウンター機能が付いている機種が多いのも特徴。イトの出ている距離数を数値で表示するようになっているので、タナが取りやすく、魚がヒットしたときにも、そのタナがわかりやすいので次につなげることができる。

ドラグ設定

「ドラグ」とは、魚の強い引きに対して、スプールからイトが一時的に滑るように出て、イトや仕掛けを魚の引きで切られないようにするための機能。魚の強い引きで生じる心地よいドラグ音は釣り人を鼓舞するが、ドラグの調整によって魚のキャッチ率は大きく変わってくる。竿のしなやかさとドラグがあればこそ、釣りは成立するのだ。

ドラグの調整は、地上と魚が掛かる海中との違いを頭に入れて行なう。海中は浮力があるため、地上で調整した約2・5倍の重さの魚までは上がると言われている。たとえば5キロのマダイならば、地上で約2キロのオモリを付けてドラグが機能し、仕掛けが切れなければ魚が掛かっても問題ないという計算だ。実際にやってみると一般的なドラグ調整よりもキツく感じるかもしれないが、地上で切れないことを確認しているので、大物が掛かっても余裕を持ってやりとりできるだろう。

調整に使うオモリはペットボトルに水を入れたもの。1リットルの水は1キロなので、狙う魚を想定して容量別のペットボトルを使い分け、バケツにそれを入れてぶら下げればOKだ。ただし、船宿や狙う魚（とくに大物系や根魚など）によっては「ドラグフルロック」などを推奨、統一していることがあるので、その場合は船長の指示にかならず従うこと。また、竿の曲がりによる抵抗もあるので、ひとつの目安として参考にしてほしい。

スプールの中のドラグシステム

水が入ったペットボトルで簡単調整

魚が掛かると、最初は思い切り走ることがほとんど。それを踏まえて、最初の設定は少し緩めにしておくのもひとつの手だ。最初の一撃をかわして体勢を立て直す間をつくり、様子を見てからドラグを締めこんで巻き上げるという方法も覚えておくといいだろう。

慣れてきたらドラグの基本設定を感覚で覚えよう

対象魚に応じて釣具店で完成品を購入すればOK
「サビキ」「胴突き」「テンビン」があれば堤防で釣れるターゲットはほとんど狙える

堤防で手軽に釣れるターゲットといえば、回遊魚ならアジ、サバ、イワシなど、海底を見ればシロギスやハゼ、カサゴ、メバルなどのほか、ウミタナゴやベラなど本当に多彩だ。それらの魚たちは、実は3つの仕掛けがあればたいてい狙うことができる。いずれも釣具店に行けば完成したものが売られているので入手も簡単だ。

サビキ仕掛け

堤防の代表的な釣りなので、体験したことがある人も多いはず。釣り入門は、まずサビキ釣りからといっても過言ではない。

仕掛けのスタイルは後述する胴突き仕掛けのタイプで、仕掛けの一番下にオモリをぶら下げて仕掛けを沈める。仕掛けのイト（ミキイトと呼ぶ）から複数のエダスが出ていて、その先にプラスチックやゴム、魚皮製のエサを模した擬似が付いたハリが付いている。

【釣れる魚】

サビキ仕掛けで狙う魚は、おもに堤防の周りを頻繁に群れで動き回って（回遊という）、通りかかった際にまかれたエサを見つけると、たかってくるように集まってエサを食いあさる。そんな魚の代表といえば、アジ、サバ、イワシ。群れが回ってくれば簡単に釣ることができる。

【どんな場所で使える？】

サビキ釣りができる場所は護岸で、ある程度水深があったほうがいい。漁港などでは内向き、外向きどちらでも釣れるが案外、港内の潮の流れが緩い場所のほうがまきエサが効きやすいので、魚が集まってくると長居してくれるパターンが多い。

胴突き仕掛け

サビキ仕掛け同様、仕掛けの最下部にオモリをぶら下げるタイプの仕掛け。ハリの数は少なめで2～3本、1本ということもある。

【釣れる魚】

胴突き仕掛けの場合、エサを変えることでいろいろな魚が釣れるが、手軽な定番魚としては、カサゴやメバルだろう。ほかにマダイの幼魚（チャリコ）やカワハギといった底付近をウロウロしている魚が多い。

【どんな場所で使える?】

護岸など足元で比較的水深がある場所。そして、カサゴなど障害物の周りに潜む魚を狙う場合には、堤防の基礎石や垂直の護岸部分などが必須ポイントとなる。比較的、障害物の周りへエサを持っていく釣りが主流だ。

テンビン仕掛け

ちょい投げ用の仕掛けはテンビンと呼ばれるオモリと絡み止めの脚が付いたアイテムの下にイトとハリを結ぶ。ハリは1本か2本くらいで、テンビン下の仕掛けの全長は50～70センチと短めが扱いやすい。

【釣れる魚】

海底に潜んでエサを拾っているようなシロギスやハゼなどがおもなターゲット。

【どんな場所で使える?】

少し沖へ投げて、ズルズルと引っ張ってくる釣りなので、海底が岩礁など粗いとすぐに引っ掛かってしまって釣りにならない。足場は護岸などでも、仕掛けを放り込む少し沖の海底が砂泥底なら問題ないだろう。

ライン（釣りイト）の素材はおもに3種類「ナイロン」「フロロカーボン」「PE」それぞれ特性を知り、適材適所で使い分ける

現在、おもに使われているラインといえば、ナイロン、フロロカーボン、PE3大素材。近年、ポリエステルを使用したエステルラインも見直されてきているが、ジャンルが限られている。

　ラインのパーツで見ると、リールに巻くミチイト、そしてハリを接続するハリス、エダスなどが基本。

　それぞれに求められる特徴としては、ミチイトはリールのスプールの型が付きにくい軟らかなラインであること。そしてハリス、エダスはしっかりとした張りが必要など、ラインとひとくちに言ってもパーツごとに機能が分かれている。

ナイロンとフロロ

ナイロンはしなやかで扱いやすい。とくにリールのスプールへの収まりがいいうえに巻きグセが付きにくいので、リールに巻くミチイトとしての機能に優れている。

　一方、フロロカーボンはナイロンに比べると硬いため、スプールへの収まりは悪いが、比重が高く（沈みやすい）、傷が付きにくい。また、吸水性も低く、張りを保てるので、ハリスやエダス向きだ。

　デメリットとしては、ナイロンは吸水性が高いので劣化が早く、適度に交換しないといけないことが挙げられる。また、フロロカーボンは硬いので、スプールに巻くと収まりが悪く、現場でのトラブルに発展しかねないことなどがある。

PE

PEは、ポリエチレン製の細い繊維を編んでつくられたもの。単イトだと硬いので扱いづらく、細い繊維を編み込むことでしなやかさを出している。

ポリエチレン製のラインは非常に強度が高く、ナイロンやフロロカーボンに比べると、細い号数を使えるうえに伸縮率が低いので感度がいいというメリットがある。

現在、同じPEラインでもX4やX8と表記の違ったラインが発売されているが、その違いは編み数（繊維の数）。より細い繊維を数多く編んだラインのほうがしなやかで、摩擦抵抗も小さいため、竿のガイドを滑りやすく、より飛距離が出る。

ただ、編み数が多くなると、そのぶん手間もかかるため、価格帯もかなり上がる。安価なもので始め、扱いに慣れてくるにしたがって、より高価なものを使うことで快適さを実感できるだろう。

号数とポンド

ラインの表記で使用されることが多い「号数」。これは、ラインの太さを表している。

一方、「lb」と表記されるポンドは、ヤード・ポンド法の重さの単位であり、1ポンド=約454グラムとなっている。しかし、釣りのラインに使用されるポンドの数値は、重さを表しているのではなく、強度を表している。実はこの強度にはふたつの基準があり、それが「ポンドクラスライン」と「ポンドテストライン」と呼ばれるものだ。

前者はlbC、PCL、CLASS（lb）などと表記され、1lbと書かれたラインであれば、1ポンドの荷重がかかった場合、切れることを表している。後者はlbT、PTL、TEST（lb）と表記され、そのポンド数以下では切れないことを表している。つまり、1lbと書かれたラインは、1ポンドの負荷に耐えられるというわけだ。

たとえば、10lbのラインを買いにきたとする。「10lb」という表記だけを見て、あとは好みのメーカーやデザインで買おうと思った人は待ってほしい。前述したように、ポンドクラスラインは、表記の数値の負荷には耐えられない。一方、ポンドテストラインは、表記の数値までは耐えられる。もし同じ10lbでも、「lbC」と書かれたラインと「lbT」と書かれたラインの2種類があれば、後者を選んだほうがお得だ。

第1章 海釣りの基礎知識

ハリ

釣果を左右する最重要アイテム 釣り方や対象魚に合わせて形状や大きさ 色を選び、早めの交換が釣果アップの秘訣

魚との唯一の接点であるハリ。種類がたくさんあって選ぶのもひと苦労だが、選択の要素のひとつであり、また実釣においても感じやすい3つのポイントを解説する。

形状

ハリ先は、おおまかにストレート、カーブ、シワリにネムリと4つの形状がある。前者ふたつはその名のとおりまっすぐな直線、内側に緩やかな曲線を描くタイプ。そしてストレートからカーブにかかるその間の絶妙な加減をシワリ、急に内側に向いているものをネムリと呼ぶ。

【ストレート】

魚の口内外によらず触れやすいのが特徴。ハリ先が触れた部分に刺さり込もうとするので掛かりに優れる。とにかく掛ける釣りに向く。

カーブ先はハリ先がチモト（ハリスの結び目）を向くため、アワセの力のロスが少なく、しっかり貫通させることができる。内向きのハリ先=触れにくい、掛かりにくいということが、逆に口内を滑って閂（カンヌキ）や唇といったハリ先が抜けにくい部分に刺さるため、アワセをひと呼吸おくような向こうアワセの釣りに適している。

【シワリ】

ストレート先の掛かりの速さとカーブ先の貫通力の高さを両立。口が硬く、ストレート先では刺さり込みにくいが、カーブ先では掛かりが遅いケースに向く。

【ネムリ】

カーブ先の機能をさらに特化したもの。ハリ先が触れるこ

とよりも、魚の勢いや重さによって口腔内を滑らせ、閂部分を確実に貫通させることを重視している。これにより、ハリが飲まれることがなくなり、ハリス切れの防止に。アワせる必要のない、アワせることができない釣りに用いる。

色

魚の多くは色覚があるとされている。錐体《すいたい》が4種類以上あるものがほとんどで、人には見えない紫外線も多くの魚には見えている。また、明暗を識別する桿体《かんたい》も人の数倍多く持っており、暗闇でカラフルな色は見えなくても、白から黒への濃さ（グレーの世界）もしっかりと認識すると言われている。これを利用したのが、ケイムラ塗料。人には見えなくても、魚にはしっかり見えているのだ。

ハリの色が実際どれだけ魚に影響しているのか数値化することはできないが、色はアピールにも、カモフラージュにもなる。たとえば、赤バリといってもエサを目立たせるための赤なのか、エサに同化させるための赤なのか、役割は正反対となる。

また、水深や透明度によっては、色よりも明暗の影響が大きくなる。光の量とさし込む向き、水深、透明度、流れなど多様な水環境のなかで、ハリの色はよくも悪くも魚の反応に何らかの影響を及ぼしている。状況に合わせて色の選択をしよう。

交換

ハリ先は釣果に関係なく、使っているだけで自然と鈍っていくもの。ハリ先が何かに当たる頻度とその強さにより、鈍りの速さは変わる。

簡単なチェック方法としては、まず指先の腹でハリ先がしっかり立つか確認。見た感じハリ全体の形状は変わっていなくても、ハリ先だけ何かに当たって曲がっているということがよくある。曲がっていないことが確認できたら、爪にハリ先を立て、滑らずにしっかり引っ掛かればＯＫ。この方法で少しでも違和感があったら交換する。

指先の感覚だけでは明確な判断がつかないという人には、見やすい色のハリを使う、または油性マジックでハリに色を塗ってみるといい。表面が剥げてしまったらハリ先が鈍っている可能性があるので、交換のタイミング。

また、エサ釣りの場合はハリを刺すときの加減でもわかる。エサが刺しづらくなったらハリ先が鈍ってきている証拠。1回のアタリを大切に、確実に掛けるために、少しでも不安に感じたら惜しまず早めに交換しよう。

テンビン

仕掛けの絡みを防ぐのが基本的な役割
釣り方に適した種類を選ぶことが第一歩
いろいろなタイプを試してスタイルを確立

テンビンは投げ釣り、ちょい投げ、船釣り、磯からのカゴ釣りなど広いジャンルで親しまれてきたアイテム。仕掛けの絡みを防ぐ目的は共通しているが、実にさまざまな形状が市販されている。チョイスの第一歩は、なんといっても自分の釣りに合うかどうか。いろいろなタイプを試して、自分のスタイルを見つけよう。

役割

テンビンは大小さまざまな種類があり、同じテンビンでも地方によって伝統的に形が決まっていたりする。ただ、大方の役目としては、仕掛けを投入する際に絡みを防ぐという点で共通している。とくに仕掛けが長い場合に多用されるのだが、テンビンがなければいったいどうなるのだろうか。

仕掛けを投入する際、すなわち投げる（=空気抵抗がある）、海中へ仕掛けを沈める（=水の抵抗がある）とき、仕掛けに使用するイト自体は軟らかいので、空気や水の抵抗に負けて折れ曲がり、竿からのミチイトやリーダーなどに絡みついてしまう。それを防ぐために使われるというのが基本的な役割だ。

投げ釣り用

固定式と遊動式の2タイプが存在する。固定式はテンビンの上部にミチイト、脚の先に仕掛けを接続することでテンビンを介するスタイル。逆に遊動式はミチイトと仕掛けがダイレクトに接続されていて、そのライン上にテンビンの上部と脚先の環が通っている状況だ。

【固定式が有利な点】

海底にある固定式のテンビンで仕掛けに魚が掛かった場合、魚が引っ張っていこうとすればオモリが移動しないので、魚はオモリごと引っ張ることになる。その途中で違和感を感じてエサを放す魚も多いので、どちらかといえばエサを瞬時に吸い込んでくれるキスなどの釣りに向いている。

【遊動式が有利な点】

大きなエサ、ハリでしっかりと食い込ませてからアワせるために違和感なく仕掛けを送り込んでいきたい釣りの場合は、遊動式が有効だ。送り込んでいける遊動式の場合は、脚の素材の硬さや形状はそう気にならない。どちらかと言えば、投入時に空中での仕掛け絡みを防いでくれるのに特化したほうへと発展している。

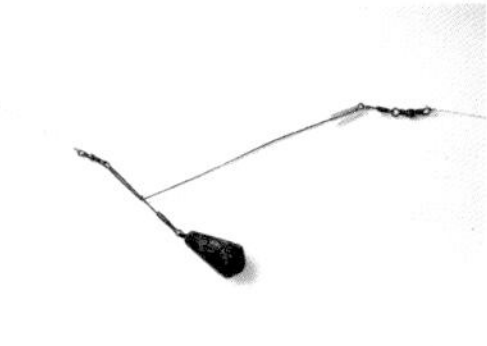
固定式のちょい投げ用テンビン

遊動式のテンビン

船釣り用

船釣りでテンビンを使用する釣りの代表格は、マダイや青物、イサキなどを狙った「カゴ釣り」と呼ばれる釣り方だ。これらで使われるテンビンには、脚がＬ字型になったタイプと、脚が丸く半月型になったタイプがある。前者は素材が軟らかく、後者は比較的硬い素材が使用されている点が特徴だ。

軟らかな素材を使ったＬ字型の場合、魚がヒットしたときにはテンビンの脚が曲がり込んで多少の送り込みが可能になり、しっかり食い込ませることができる。逆に硬い脚の半月型の場合、魚がエサを食べて引っ張ると、いったんは魚の引きに負けて丸い脚が伸びるような形になったあと、戻る反動でテンビン自体が仕掛けを引っ張ることになり、それが自動的なアワセにつながっている。

食い込ませることを重視するのか、それとも向こうアワセで確実なフッキングをさせるのか。そのときどきの状況次第なので、できれば2タイプをタックルケースに常備しておこう。ちなみに、収納に優れているのは脚が軟らかなテンビン。形状記憶合金でできているものも多く、持ち運び時に丸められるので便利だ。

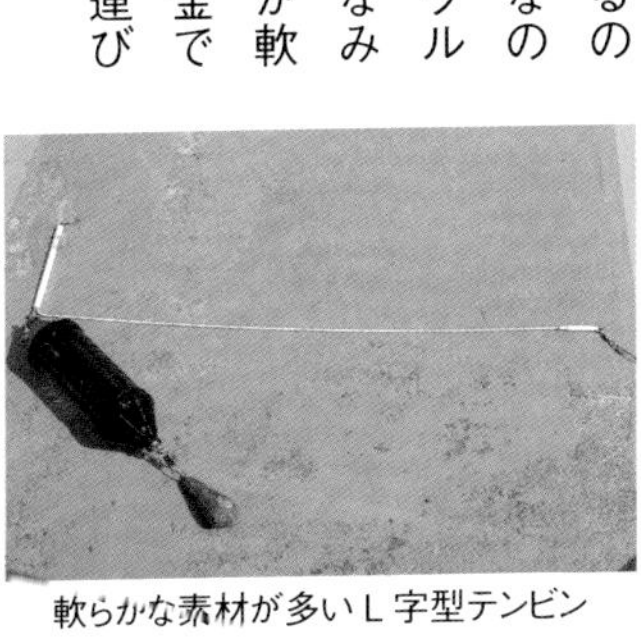
軟らかな素材が多いＬ字型テンビン

釣りで使う「重さ」の単位
釣りの引き出しを増やすために号・グラム・オンスの互換性を覚えよう

初心者にとってわかりにくいのが、日常生活とは異なる「重さの単位」だろう。釣りで使用される代表的な3つの単位と、それぞれの互換性を解説する。

重さの単位

【号】

オモリは独自の号数が使用されており、1号はグラム換算で3・75グラム。釣りをするうえで欠かせない重さの単位だが、「オモリ1号は何グラム?」と聞かれてもわからない釣り人も多いようだ。

【グラム(g)】

ルアーはもちろん、最近では一部のオモリでも使用されている単位。プラグやメタルジグ、バイブレーションといったルアーは、ほとんどがグラム表記だ。また、グラム表記であれば0・1グラム単位の非常に細かい表記も可能。

【オンス(oz)】

オンス(oz)は、おもにルアーで使用される単位。ジグヘッドなどのほかにも、ル

エサ釣り用に多いのはグラム表記

ルアー用はオンス表記が多い

アー用のオモリ（バレットシンカーやダウンショットシンカーなど）でも使用されている。1ozは正確にグラム換算すると28・35グラム。

複数の単位がある理由

釣りではおもに3種類の単位を使うことが多く、オモリは「号」、ルアーは「g（グラム）」や「oz（オンス）」表記であることが通例だ。単位同士での共通点はほとんどなく、オモリやルアーの単位はバラバラと言えるだろう。なぜ重さの単位がなぜバラバラなのか？

オモリの号数は、東アジア地域で昔から使われていた「尺貫法」の重さの単位である「匁（もんめ）」を基準につくられており、1匁は3・75グラム。オモリの重さが1号で3・75グラムなのは、昔の単位の名残と言えるだろう。

一方、ルアーの重さを表す単位は「グラム」と「オンス」。日常生活でも使用していることからわかるように、国際的にも重さの単位はグラム表記が一般的。それなのに、バスフィッシングなどに使うルアーにオンス表記が多いのは、本場アメリカではヤード、ポンド法を基準にしているため、重さの単位も「g」ではなく「oz」を使っており、日本のバスフィッシングも元々アメリカから伝わっているので、今でもこのような表記になっていることが多いわけだ。

互換性を覚える

グラム表記を基準に「号」や「オンス」の重さをイメージできるようになると、オモリやルアーを選ぶ際、とても便利だ。オモリ1号は3・75グラムで、1ozは約28グラム。この変換ができれば困ることはほとんどない。ただ、「オンス」に関しては「1／4oz」のように分数で表記されていることが多いので、少し慣れが必要かもしれない。

単位をすばやく互換イメージできるようになれば、エサ釣りもルアーも両方やりたい場合に、異なる重さの表記であっても柔軟に対応できるようになる。また、どちらか一方しかやらなくても、釣りの引き出しを増やすことにつながるだろう。

たとえば、通常のオモリの代わりにルアー用のシンカーを使う場合など、スムーズに換算できると調べる時間のロスや手間を削減できる。また、グラム表記のルアーとオンス表記のルアーを両方使いたい場合にも、意図せずオーバーウエイトのルアーを投げていたということを防止できる。

第1章
海釣りの基礎知識
サルカン

ライン強度の低下を防いでイトヨレも解消
小さくても仕掛け全体における役割大
目的に応じて種類、大きさをセレクト

釣りに持参するアイテムは大小合わせるとかなりの数に上る。普段何気なく使っているサルカンやスナップなどの接続アイテムも、実はその用途は多彩。では、どのようなセレクトの基準を持てばいいのだろうか。

種類

釣りで使用する接続用のアイテムは、サルカン（ヨリモドシ）、スナップサルカン、そしてスナップなど。イトとイトを結ぶような、お互いに結び目をつくることができる場合にはサルカンを、ルアーやエギなどに接続する場合は、片方がカギのように開いたり閉じたりできるスナップやスナップサルカンが使われる。

また、市販のサビキや胴突き仕掛けなどでは、すでに上下にスナップサルカンが付いていて、上にはリールからのイト、下にはカゴやオモリを取り付けるのに便利な仕様になっていることが多い。

サルカンやスナップなどの接続アイテムは研究が進んでいて、釣具店でも扱いきれないほど多くの種類がある。そのため、個人によっても使い勝手がよかったり悪かったりと、同じ目的のアイテムでも形状やシステムによって変わってくる。では、どんな釣りのときに、どんな接続アイテムを持っていけばいいのだろうか。

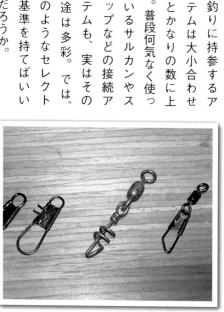

目的別にチョイス

【サルカン】

両サイドにイトを結ぶ環があり、ふたつの環の間には関節となって自由に回転するように設計された部分がある。この形状により、「タル型サルカン」や「クレンサルカン」といった商品名で販売されている。

使用することのメリットは、太さや素材の異なるイトを簡単につなげられること。また、自由に回転する部分によって仕掛けがヨレることを防止できるという点もある。

【スナップサルカン】

片方のスナップが簡単に開け閉めできるため、取り外しが簡単。仕掛けやルアーなどの交換がスピーディーにできるうえに、ヨレも解消できるという利点がある。ただ、サルカンとスナップの両方が付いているため大きくなりがちで、そのぶん重くなる。

代表的なスナップサルカン

【スナップ】

エギやジグヘッドなどの軽い仕掛けを付ける場合、接続アイテムが大きくて重いと全体のバランスが悪くなる。そこで、ヨレをあまり考えなくてもいい釣りに関しては、スナップのみを使うことが多くなっている。

スナップの大きさはかなりの種類がある。目安として通常「1」「6」「16」といった数値で表されているが、数値が小さいほうが大きなスナップとなり、「0」の次に大きいのが「1／0」、その上が「2／0」という表記になっている。また、各号数にはかならず「強度」が記されており、小さくて強度が高いタイプがあれば、それだけ優れたスナップと言える。

スナップを使ううえで気をつけたいのは、その重量感と使用感。軽量で細身なものほどルアーの動きに影響を与えないが、強度が下がる。また、小さくなると強度や扱いに時間がかかるなど、いろいろな面からバランスのいいスナップ選びをすることが釣果の差となって現れてくる。

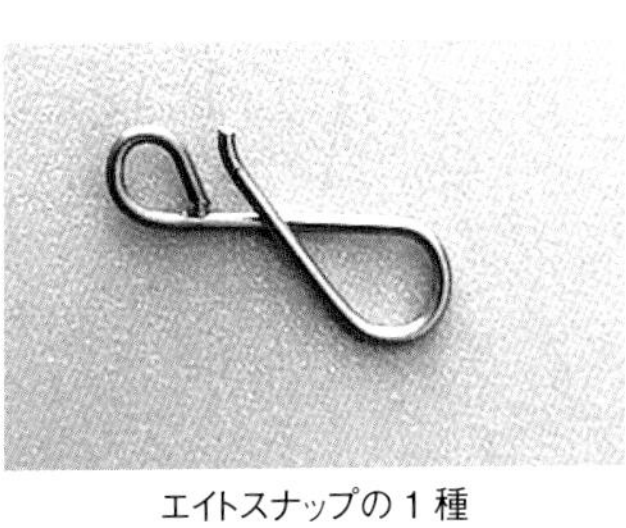

エイトスナップの１種

人気魚種でよく使われる万能エサ
付け方で釣果激変！ 3通り覚えておけば大半の釣り方や対象魚はカバーできる

マダイ、イサキ、イナダ、ワラサ、メジナ、クロダイなど、人気の魚種でよく使われる万能エサのオキアミ。同じエサでも釣り方や魚種によってハリへの付け方はさまざま。付け方で釣果に大きな差が出る。

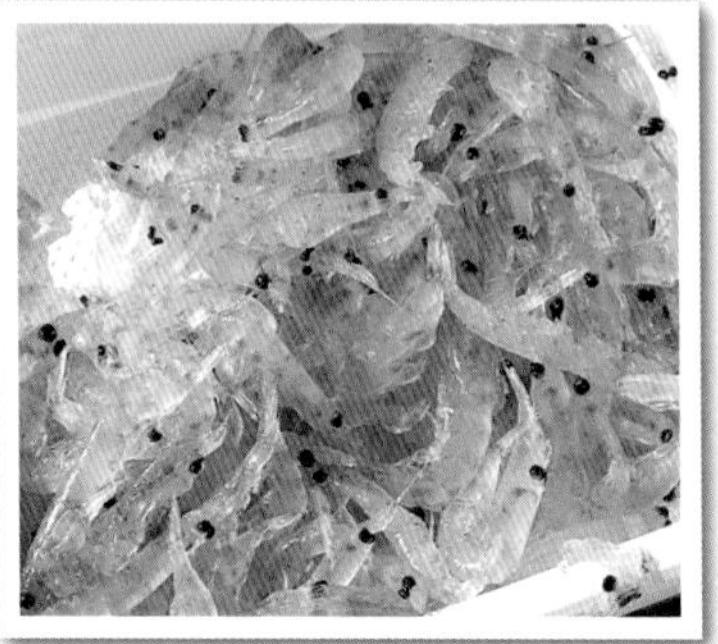

オキアミとは？

釣りの世界にオキアミが登場したのは1970年代で、そこから飛躍的に使用範囲が広がり、今では置いていないエサ店はないいほど流通している。

オキアミはフカセ釣りをはじめ、船、堤防、カカリ釣りなどで非常に親しまれている。身が軟らかいため、投げ釣りなどでは、投げた際にハリから外れてしまうこともあってあまり使用されないが、それ以外の釣りジャンルではごくごく定番のエサ。身が軟らかいので食いがいい反面、かじられて取られることが多い点が特徴だ。

付け方

狙う魚種や釣り方（船釣り・陸っぱり）によって、オキアミの付け方は変わってくる。

【船釣りで見られる定番の刺し方】

オキアミをハリに刺すときにもっとも定番なのが、そのままの状態で尻尾の部分からハリを入れる刺し方。たとえば船釣りなどでは、ハリに付いたオキアミの水抵抗を減らすために、まっすぐになるように刺すのが一般的だ。

ちなみに、仕掛けを沈下させたり、回収したりするときの回転を防ぐため、オキアミの尾羽根をきっちりとカットすると、より抵抗が減ってトラブルレスにつながる。

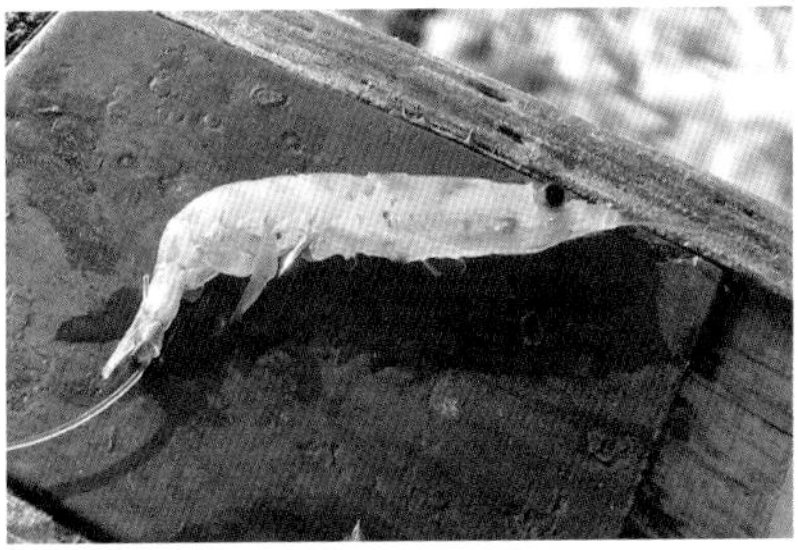

船釣りで定番の刺し方

【フカセ釣りで定番の刺し方】

フカセ釣りでエサを吸い込むような魚を狙うとは、ハリを隠すように丸く付ける。全体をコンパクトにまとめるイメージだ。この場合、頭を付けたままにすると、頭を取って胴体部分だけを付ける方法がある。頭を付けるとオキアミ自体が大きくなるため、吸い込みづらくなるからだ。ただ、アピール力も低くなるため、どちらがいいかはそのときに試してみるのがいいだろう。

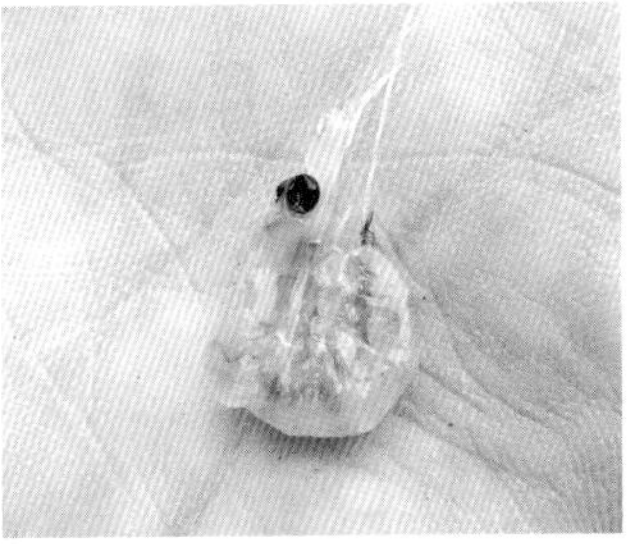

アピール重視の抱き合わせ

【逆エビ反り的な刺し方】

通常、オキアミは腰が曲がったような形で胴体部分が丸くなるようにできている。自然界で生きているうちは、逆に反り返ることはないのだが、これをハリに無理矢理反り返らせるように付けることがある。

エビの仲間は、胴体部分でいうと上部の殻が強く、脚があるほうの殻は軟らかい。ハリに刺したとき、脚のある側を内に向けると魚が引っ張ったときに外れやすいので、多少でも強くするために硬い上部の殻を内側に持っていく刺し方になる。エサ持ちは多少よくなるが、食いが渋いときには食いきれないこともあるので、バリエーションのひとつとして知っておき、定番の刺し方でエサが取られるときに試してみるといい。

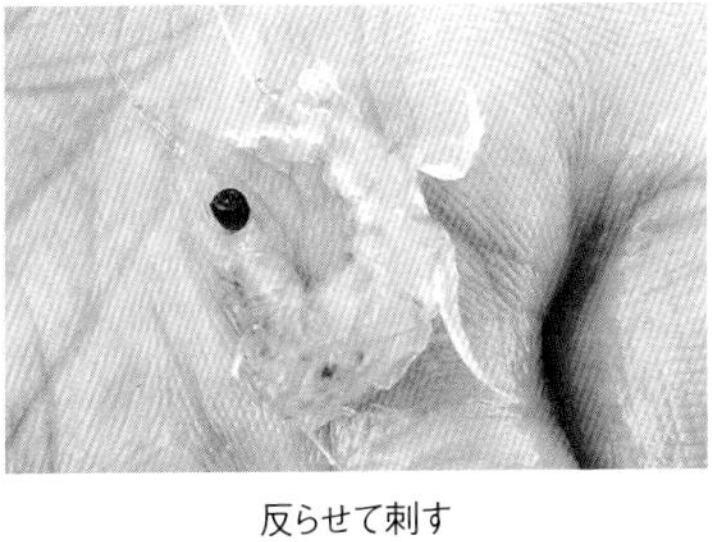

反らせて刺す

エサ（2）

比較的安価で入手しやすい定番の活きエサ

魚が吸い込むのを妨害しないようにハリの軸に対してまっすぐに刺すのが基本

虫エサとひとくちに言ってもその種類は多く、たとえばカレイ狙いならマムシ（ホンムシ、イワイソメ）やアオイソメ、コガネムシなどが主流となり、キスならアオイソメ、ジャリメなどをメインとして使う。同じ虫エサでも太さや長さなどがかなり違うこともあるし、種類によってそのニオイやエキスで誘うのを得意とするものや、動きでアピールするものもある。

ニオイと動きでアピール

ニオイやエキスで誘う虫エサの代表格がマムシ。太くて動きこそあまりないが、カレイをはじめ大物が好んで食いにくるエサとして知られている。カワハギやマダイの幼魚、フグ類なども好むため、激しいエサ取りにさらされるのだが、アオイソメやジャリメなどに比べると硬く太いぶん、エサ取りに強いと言える。

動きでアピールする代表格といえばアオイソメとジャリメ。細くて動きが派手なので、小魚にも見つかりやすい反面、本命のカレイやキスなどにもアピール力は高い。細くてやや軟らかいぶん食い込みがよく、カレイやキスのようなエサを吸い込むような食べ方をする魚ならすばやく簡単に食べてくれる。

付け方

虫エサの刺し方の基本は「ハリの軸に対してまっすぐに刺す」だ。オキアミを刺すときのようにハリの形状に沿ってすべてを隠すように刺す必要はない。ハリの形状に合わせて

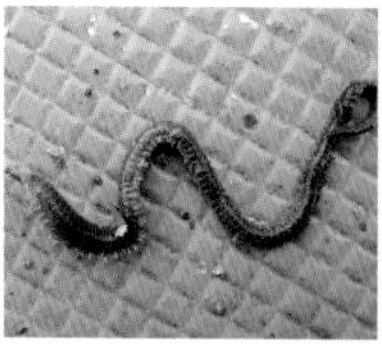
ハリの軸にまっすぐに刺す

エサ（2）

全体に丸く付けると、魚が吸い込むのを妨害することになるからだ。

【定番は1匹刺し】

マムシのようにニオイでアピールする虫エサは1匹刺しが基本だが、長ければカットして使う。刺し方は、頭の部分を数ミリだけハサミでカットして、カットした切り口からハリ先を入れ、途中までハリを虫エサの体内に通してからハリ先を出す。早くハリ先を出してしまうと、長く設定されたハリの軸の上（チモト）までエサが届かない場合があるので注意しよう。深めに刺して、虫エサがまっすぐになるようにハリの軸にズリ上げたら、チモトからハリスにかけてたくし上げてもかまわない。これなら虫エサからハリスが出ているだけになって、より吸い込みやすくなる。

ジャリメの１匹刺し

【ボリューミーな房掛け】

房掛けについては、アオイソメを3、4匹1本のハリに刺して、文字どおりフサフサとエサの塊に見せる。刺してあるアオイソメがそれぞれ動くのでアピール力が高く、ボリュームもあるため、大きな魚の目を引いてくれる。また、エサがたくさん付いているので、エサ取りが少々かじりにきても、エサ持ちが少し長くなるというメリットも。その間に本命がやってきて食ってくれればしめたものだ。

アオイソメの房掛け

【ミックス刺し】

動きとニオイの両方で大物を狙う方法が、アオイソメ＋マムシのミックス刺し。キスなどの小型ターゲットよりもカレイ、クロダイ、マダイなどの大物を狙うときに用いられるので、アオイソメは房掛けを基本とする。刺し方はまず、マムシを2センチほどの長さにカットして丸々体内にハリを通してチモトからハリスにかけてたくし上げる（完全に通す）。その先にアオイソメ3、4匹を房掛けにすればできあがりだ。

虫エサの刺し方はターゲットや季節、そしてエサ取りを含む魚の活性の状況によってもコロコロとかわるので、「コレさえやっておけばＯＫ」というパターンはない。自分なりに工夫していろいろ試しみよう。

スーパーで購入できる3つの万能エサ
鮮魚コーナーでよく見かけるバナメイエビはさまざまな魚種への特効エサとして大活躍

釣りで使うエサは釣具屋にしか置いてないと思っていないだろうか？　でも、それはまちがいだ。スーパーを見渡せば、釣りに使える食材がたくさんある。３つの万能エサを紹介しよう。

バナメイエビ

スーパーの鮮魚コーナーでよく、「バナメイエビ」というエビが陳列されているのを目にしたことがあるだろう。このエビは、堤防釣りや船釣りでさまざまな魚種に対して特効エサとして活躍する。

【使い方】

2～4等分ほどに切って、ハリのサイズに合わせるのが基本的な使い方。あらかじめキッチンばさみなどでカットし、チャック袋に入れて冷凍しておく。

大物狙いのときは、1匹丸ごとハリに刺して使用すると効果的。狙う魚のサイズやハリのサイズによって大きさを変えるのがポイントだ。

【付け方】

食い込みを重視する場合は、カットした断面からハリを入れ、エビの腹側にハリ先を出す。さらに食い込みをよくしたいときは、殻を剥いて軟らかい剥き身にするのも効果的だ。

エサ持ち重視の場合、カットした断面からハリを入れ、背中側にハリ先を出す。殻にハリを刺せばエサ持ちがよくなるのでエサ取り対策にも効果的だ。

【狙える陸っぱり人気魚種】

クロダイが代表格。バナメイエビもフカセ釣りやダンゴ釣り、ヘチ釣りなどの刺しエサとして使用できる。目安として3等分ほどにカットすると使いやすいだろう。

また、カサゴなど根魚にも非常に効果的で、胴突き仕掛けやブラクリなどに最適。エサのサイズの目安は2～4等分。仕掛けを持ち上げてゆっくり落としたりして誘うと反応が得られることが多い。

「エサ取り名人」で知られるカワハギも、バナメイエビ好きの魚のひとつ。エサのサイズは、ハリが隠れる程度になるべく小さくカットするのがオススメ。

イカ短

イカは身が肉厚でしっかりしているので、ちぎれにくくエサ持ちがとてもいいのが特徴。ニオイもそれほどきつくないので、虫エサが苦手な人にオススメだ。

作り方はいたって簡単。購入してきたイカの頭部を1㌢くらいの短冊切りにすれば完成！ 塩漬けして冷凍保存しておくと長持ちし、また解凍しても身崩れしづらい。

付け方は、「チョン掛け」と「縫い刺し」の2種類。いずれの場合も、水中でクルクル回転して仕掛けにからんでしまわないように、センターにハリを刺すことが重要だ。

サバ短

簡単に準備することができるエサのひとつ。キラキラした皮が水中で揺れて魚を寄せ付ける。

付け方は、ハリにサバ短1枚をつけるチョン掛け」が基本。サバの背中側（皮が黒いほう）を上にし、皮側からハリを刺し通す。逆にすると身割れしてしまう可能性が高まるので注意が必要だ。エサが取れにくい「縫い刺し」でもOKだが、可動範囲が短くなるので、そもそもエサが短い場合にはあまり適さない。いずれもサバのセンターにハリを刺すことが重要。タチウオは厚みのある切り身を使用、逆にカサゴ類は薄く切ったものを使うなど、狙う魚種によって厚みや大きさを変えよう。

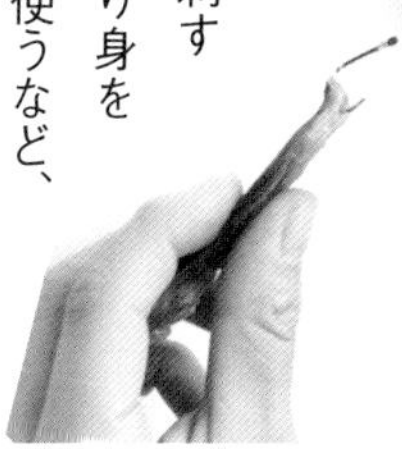

必須アイテムと便利なお役立ちグッズ
安全対策や魚のキープ、荷物整理など釣りを快適にしてくれるギアが大集合！

魚釣りに必要なアイテムといえば、竿やリール、ハリ、イトなど、いわゆるタックルだろう。しかし、釣りで重要なのは出発から帰宅まで無事に過ごせること。釣りに行こうと思ったら、まずそろえておきたいアイテムを紹介しよう。

必須アイテム5選

【ライフジャケット】

いわずと知れた海辺で遊ぶための必需品がライフジャケット、救命具だ。ライフジャケットには、いくつか種類がある。たとえば、ジャケット形状で中にウレタンなどの浮力体が仕込まれているタイプや、空気のボンベが仕込まれていて、自動または手動でボンベから空気が畳まれた浮力体に注入されて浮き輪状態になるものもあり、これを膨張式と呼ぶ。膨張式は首からかけるタイプと腰に巻くタイプがあり、その釣りジャンルで使用できるものとできないものが決められている。詳しくは国土交通省のＨＰなどで紹介されているので参考にしてほしい。

浮力材使用タイプ

首掛けタイプ（膨張式）

腰巻きタイプ（膨張式）

【足まわり】

足まわりとは、いわゆる靴、シューズのこと。釣りの場合はブーツを履くことも多い。足まわりは釣り場で滑らないことが重要で、安全対策のためにしっかりと考えておきたい。

通常、堤防釣りなどではコンクリートの上での行動となるため、街中で履くスニーカーなどでも十分対応できる。疲れない履き慣れたスニーカーでかまわないが、磯場に出る場合には、ソールにピンが付いているピンソールや、滑りにくいフェルト、フェルトとピンの両方でさらにすべにくいピンフェルトなどを使ったほうが安全だ。

船釣りでは、金属製のピンが付いた靴やブーツなどは船のデッキを傷つけるためNG。また、ピンソールでは非常に滑るのでかえって危険。ラジアルソールが一般的だ。循環水槽が設備されている船では、海水を足元に流しっぱなしにすることも多く、スニーカーなどではびしょ濡れになってしまうので注意しよう。

ピンフェルト

フェルト

【偏光グラス】

偏光グラスの役目は大きく分けて3つある。ひとつは海面のギラつきを抑えることで、水中を見やすくして仕掛けや魚の動向などを探る。もうひとつは、目に入る紫外線をカットしてくれので、目の保護につながる。そして3つめは、ハリやオモリなど、突然目に向かって飛んでくる危

険物から目を保護してくれる役目だ。

よくあるサングラスと釣り用の偏光グラスの違いは、内蔵フィルターによる海面のギラつきなどの反射光をカットするかしないか。偏光グラスは反射光をカットする機能に優れている。紫外線や危険物から目を守るという点だけなら、安価なサングラスでも代用可能だ。

とくに夏場の日中は、目に入る紫外線をカットしてくれるだけでも、かなりの負担減。一日終わってみると、目の疲れ方に大きな差が出ることがわかるだろう。

【グローブ】

グローブ、いわゆる手袋は、釣りのジャンルによっては必須アイテムだ。たとえば、磯場での釣りなどでは、岩に手をついたときに、ケガから守ってくれるし、魚を持つときにもヒレなどから守ってくれる。これは磯場に限らず、堤防や船などでも言えることだ。

釣り用のグローブは、防寒やケガ防止の役目を果たすのだが、指先まで覆われているとイトを結んだり、エサを付けづらいため、指部分がカットされているものが多い。親指と人差し指のみが出るタイプや、5本指すべてが出るタイプなどがあり、基本的に冬場は2本指出し、夏場は5本指出しを使用する人が多い。

【キャップ（帽子）】

キャップは普段の生活でも身近なアイテムだ。釣りの場面では、夏場の日よけであるほか、たとえばオモリなどが頭に当たる、船などのサンで頭を打撲することから守ったり、滑って転んだときに頭を打撲から守るなど、おもに頭を守る役目を果たしている。キャップや帽子は安全対策の必須アイテムと言えるだろう。

キャップはカジュアルウエアと同様、おも

麦わら帽子はスグレモノ

に季節によって素材が変わる。気温が上昇する季節にありがたいのは、メッシュ仕様のもの。通気性がよく、頭部の体温上昇を抑えてくれたり、頭にかいた汗を発散してくれる。密な生地は通気性に劣るが、外気温が低いときの保温に有効。生地、素材はシーズンに応じて選ぼう。

キャップとは別に、釣りでの役目を考えると、古くから愛されている麦わら帽子は非常にスグレモノだ。通気性がよく、360度広がる大きなツバは大きな日陰をつくってくれるため、顔はもちろん、耳やうなじなども直射日光から守ってくれる。

便利なお役立ちグッズ

現場での釣りをスムーズに、そして快適にしてくれるアイテムは数多い。ここからは持っておいて絶対に損はない、むしろ持っていなければ万が一のときに苦労する釣行グッズを紹介しよう。

【ハサミ類】

古くから親しまれている釣り用の小型バサミは、刃の長さが2、3㌢程度の手の平に収まるようなサイズが多い。ステンレス製や鉄製など素材もいろいろあり、価格帯もさまざま。また、バッグに入れた際など、刃で他の物を傷つけないようなキャップが付いていたり、本体に刃を収納できたりと工夫が凝らされている。まず1本というなら、このタイプからスタートだ。

もうひとつ持っておくと便利なのが、100円ショップなどで売られている大きめのキッチンばさみ。エサをカットしたり、魚を現場で処理するのにも役立つ。最近は魚調理用のハサミも売られているので、イト用とその他用の2種類を持っておけば不便を感じることはないだろう。

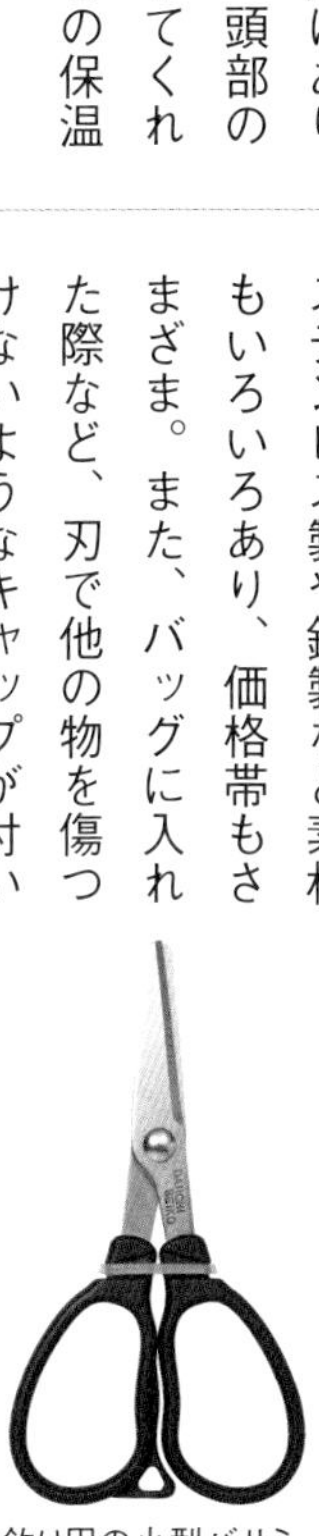
釣り用の小型バサミ

爪切りタイプ

【ハリ外し】

魚釣りをしていると、ハリを飲み込まれてしまったり、口が硬くてハリが外せない、ハリが小さすぎて指でつまめないといった状況に直面することが多々ある。そんなときに活躍するのが「ハリ外し」と呼ばれる小物だ。

もっとも多いタイプは、金属製の細い棒の先に環が付いていて1部が開いている「C型ハリ外し」。これは開いた環の中にハリスを入れて、イトは張ったままハリ外しを滑らせてハリのほうへ持っていき、環がチモトを通過するとハリに引っ掛かるので、そのまま押し込めば外れるという仕組みだ。魚の大きさ（ハリが掛かった喉の深さ）によって、長さを数種類用意しておくといい。

ハリ外しとして万能なのがプライヤーだ。家庭用工具で言えばペンチなのだが、ハリを先で挟んで抜き取れるので、確実にハリをキープでき、外しやすいのが特徴。また、ハリの形状に合わせてねじったり、押したり、自由自在にできる。ただ、多少の太さがあるため、口が小さい魚には使いづらい。定番の「C型ハリ外し」と併用するといいだろう。

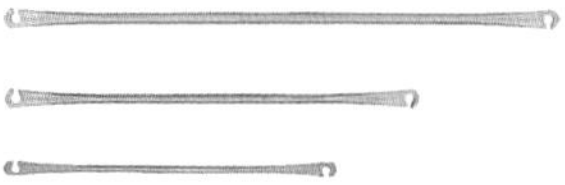
シンプルなC型ハリ外し

プライヤーは万能

【フィッシュグリップ】

魚をつかむためのフィッシュグリップは、大別すると魚の身体自体を挟んでつかむタイプと、下アゴを挟んで固定し、魚を持ちやすいようにするタイプの2種類がある。堤防釣りでアジやサバなどの小物をつかむなら前者、もう少し大型の魚を想定するならパワーのある後者がオススメだ。判断がつかない場合は、万が一のことを考えて2種類を持参しておきたい。

【エサ箱】

釣具店で購入できるエサは、パックなどに入っていることが多い。冷凍エサならそのままパッケージで、生きたエサでも発泡やプラスチックパックの簡易ケースに入れてくれることもあり、基本的にはそのまま現場へ持っていって使用しても問題ない。しかし、冷凍エサの場合は解凍して使ったり、生きたエサの場

合は鮮度を保持したり、釣り場でさらに扱いやすくするには、そのエサに合ったエサ箱を使用するのがオススメだ。

エサ箱の形状やスタイル、素材が多彩なのは、それぞれのエサや釣りに合ったエサ箱として進化してきた証拠。もちろん、使い勝手や機能なども工夫されている。釣りを快適にしてくれるアイテムは多いが、エサ箱もそんなアイテムのひとつだ。

【マキエシャク】

フカセ釣りやエビまき釣りなど、まきエサをまいて魚を寄せる釣りはけっこうある。そのときに欠かせないアイテムがマキエシャクだ。棒の先に付いたカップでまきエサをすくい取り、目標地点に向けてまきエサをまく手助けとなるアイテムだが、それぞれの釣りに合わせていくつかの種類があり、釣具店の売り場にはところ狭しと並んでいる。狙う魚の特徴、釣り場や釣り方の微妙な差でも最適なものが変わり、価格帯も幅広いので、初めての購入の際にはどんな釣りをするために必要なのか、また予算をある程度決めて店頭で実際に候補となる商品を手にとって握りやすいかどうかを確認して決めるといいだろう。

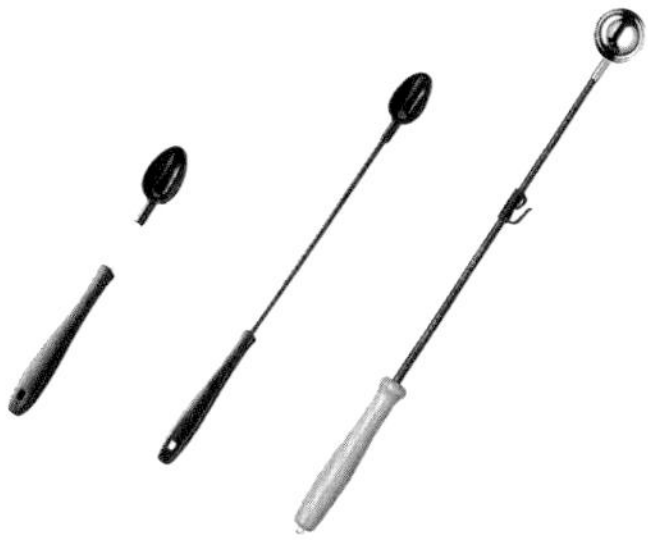

用途によってタイプはさまざま

【タモ】

釣り具のなかでも、重要ながら持っていない人が多いアイテムが「タモ」。柄、枠、網と3つのパーツで構成され、それぞれ大きさ、長さ、素材の組み合わせによって対応するジャンルが変わってくる。比較的メジャーに使われている具体的な組み合わせを紹介するので参考にしてほしい。

タモ必携の釣りも多い

●磯釣り……柄の長さ5《メートル》、アルミ枠（40《センチ》）、ナイロン製
●堤防釣り……柄の長さ5《メートル》、アルミ枠（36《センチ》）、ナイロン製

【水汲みバケツ】

水汲みバケツはその名のとおり、釣りをしているときに防波堤や磯場、船などの釣り座から、足元の海水などを汲み上げておくために用意するアイテム。沖釣りなどでは船

に装備されていることが多いので持参は不要だが、防波堤や磯釣りなどでは必携となっている。

　ひとくちに水汲みバケツと言っても、サイズもいろいろ、形は円形や四角いものなど何種類もある。釣具店に行っても数多くの市販品が並んでいるが、持ち運ぶ際にどのように収納するのかでサイズを決めるといいだろう。

　気をつけたいのは、あまりに大きなものを使うと、水を汲んだときに重すぎる点。ロープが滑って手をヤケドしたり、結び目がほどけて海にバケツを落としてしまうことがあるので、自分の体力に合ったものを選ぶことが大切だ。

【ヘッドライト】

　釣りをオールシーズン楽しむ人にとっては必須の道具。ヘッドライトはルーメン（lm）で明るさが表記されており、50lm程度のものから1000lmに迫るものまでさまざまだが、実釣においては300lm程度の明るさがあれば十分だ。漁港などで岸壁についている魚や、ルアーフィッシング中のベイトフィッシュまではっきりと視認できる。

　最近は、サブライト搭載のモデルが多く出まわっている。ただ単に照らすだけならメインの明るいライトだけで十分なのだが、釣りの現場では手元を照らすことのほうが多いのが実情。淡い光で広角に照らすサブライトがあると非常に便利だ。水面を強い光で照らして魚に警戒心を抱かせることもないので、サブライトがあるかどうかはかならずチェックしよう。

【クーラーボックス】

　魚釣りに使うクーラーボックス（以下クーラーと略）は、箱形で上部にフタが付いている形状が多い。そして、フタを含めて箱の壁面は分厚く保冷効果を上げるようにできている。同じサイズでも、数千円のものから数万円まで価格帯に大きな差があるが、大きな違いは、壁の中にある素材によるところが大きい。

　壁の素材としては、古くはウレタンが多く使われていて、保冷効果があって軽量、そして安価なのが特徴。今でも安価なクーラーにはウレタン素材がよく使われている。その後、真空断熱材を使うクーラーが登場して保冷力が上がり、そのぶん高価な商品が続々登場。現在はフタ部分のみウレタンで、残りの5面が真空断熱材といった両者を組み合わせた商品もある。

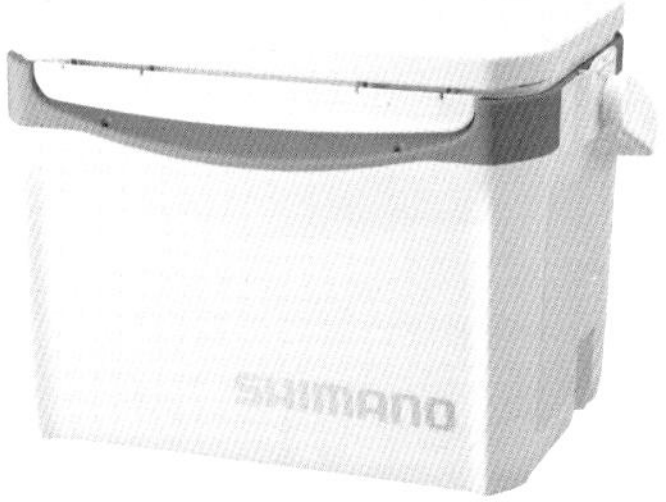

クーラーには、保冷力を比べる規定がある。店頭で商品をよく見てみると、「保冷力1・7倍」とか「2・5倍」といった表示があることに気づくはずだ。メーカーによっても少し違うのだが、この「保冷力○倍」という数値は、ベースとしてJIS規格に定められている簡便法に基づいている。本体容量の25《パーセント》に相当する角氷をクーラーに入れ、外気温40度の中に8時間放置したあとに氷の重量を測って残存率を算出。残存率から完全に氷が溶けるまでの時間を算出して、それをクーラー商品の比較として数値化しているメーカーもある。この仕組みを覚えておけば比較に役立つだろう。

【キャリーカート】

釣行時はなにかと荷物は増えがち。公共の交通機関で移動したり、駐車場から釣り場までの距離が遠いときに重宝するのがキャリーカートだ。

さまざまなものが販売されており、どれを選べばいいかわからないときは、まず段差を持ち運ぶことも考慮して軽いものを選ぶのが賢明。また、家に置いておくと意外に場所をとることがあるので、コンパクトにたためるタイプがオススメだ。

魚がいっぱい釣れたときは、クーラーで氷締めにして持ち帰ることも多いだろう。この場合、かなりの重量になることも……。重いものが乗せられないと意味がなくなってしまうので、購入時には「耐荷重」が何《キロ》までかをかならずチェックし、スペックに余裕がある製品をセレクトしよう。

第1章
海釣りの基礎知識

釣り場（1）

安全・快適に楽しめるように管理された有料釣り場
多彩なターゲットが狙える夏から秋にかけてが好機。数釣りや大物狙いも期待！

海釣りを始めてみたいけど、どのようにしたらいいかわからないという人にオススメなのが、手軽に体験することでき、美味しい土産を持ち帰れる海釣り施設。転落事故防止の柵を設置しているところが多く、竿はもちろん、子ども用の救命具を貸してくれることもあるので、ファミリーフィッシングにも最適だ。

釣りに必要なものは、施設内でほとんどそろえることができ、わからないことはスタッフに聞けば教えてくれる。売店で道具をレンタルするならば、エサやコマセなど釣り方を聞いてみるといい。釣果につながるヒントを教えてくれるはずだ。

道具がそろったら、釣り座を探しに行こう。空いている場所を見つけたら両隣に声をかけて入り、実釣スタートだ。オススメの釣り方を3つ紹介しよう。

サビキ釣り

5、6本のハリにスキンや魚皮が付いた疑似バリ仕掛け。10～15㌢のカタクチイワシを主体にウミタナゴ、サッパ、メバル、アジ、サバなどの五目釣りができ、だれにでも簡単に楽しめる。

釣り方は、サビキ仕掛けの上または下にコマセ袋（カゴ）を付ける。この中に集魚のためのアミコマセを8分目まで入れ、魚が通るタナまでおろす。そこで竿先を優しく3、4回上下させてコマセを振り出し、リールのハンドルを半回転巻き上げる。まいたコマセの帯の中に仕掛けを入れれば、あとは魚がハリ掛かりするのを待つだけ。1、2分待ってもアタリがなければ、同じ動作を繰り返す。3回繰り返してもアタリがなければ、コマセを入れ直す。

泳がせ釣り

釣れたカタクチイワシをエサに泳がせて、シーバス、マゴチ、ヒラメ、クロダイ、サバなどの大物を狙う。ただし、これらの魚がサビキ仕掛けにヒットしてしまうとハリス切れに。大物を釣るには、ハリスを3～4号で長さ40～50チセン。ハリをチヌ2～3号、またはセイゴバリ12～13号を使用。カタクチイワシの口から上アゴにハリを抜き刺し、海底から50チセン～1メートル上ダナをキープして置き竿。強烈な引きに対応できるようリールのドラグはかならず緩めておく。

ヒットしたら両隣に大物のやりとりを宣言し、オマツリ防止に協力してもらい、多少無理しても早めに浮上させてタモ取りすること。慎重になりすぎてやりとりを繰り返すとオマツリしてバレてしまう。

ちょい投げ

コンパクトロッドにスピニングリールでの投げ釣りの本命はシロギス。オモリ15号～30号の片テンビンや胴突き仕掛けで狙う。エサはアオイソメの通し刺しで、タラシは4～5チセン。この仕掛けにカレイ、アナゴなども釣れてくる。胴突き仕掛けには、20～30チセンオーバーのイシモチも。

イシモチを専門に狙うには、エサのアオイソメを2～3匹房掛け、遠投用の竿を使用。

クロダイ狙いは、オモリは中通しの1～5号を潮流に合わせて使い分ける。エサは活ガニやモエビなど。

ちょい投げタックルの一例

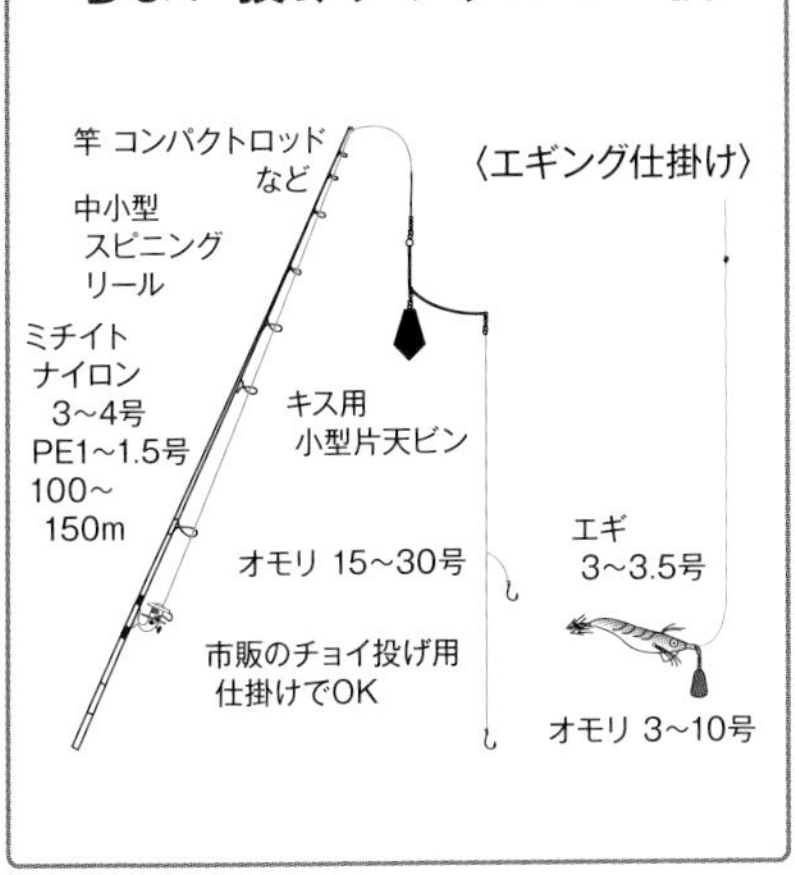

タックルの一例

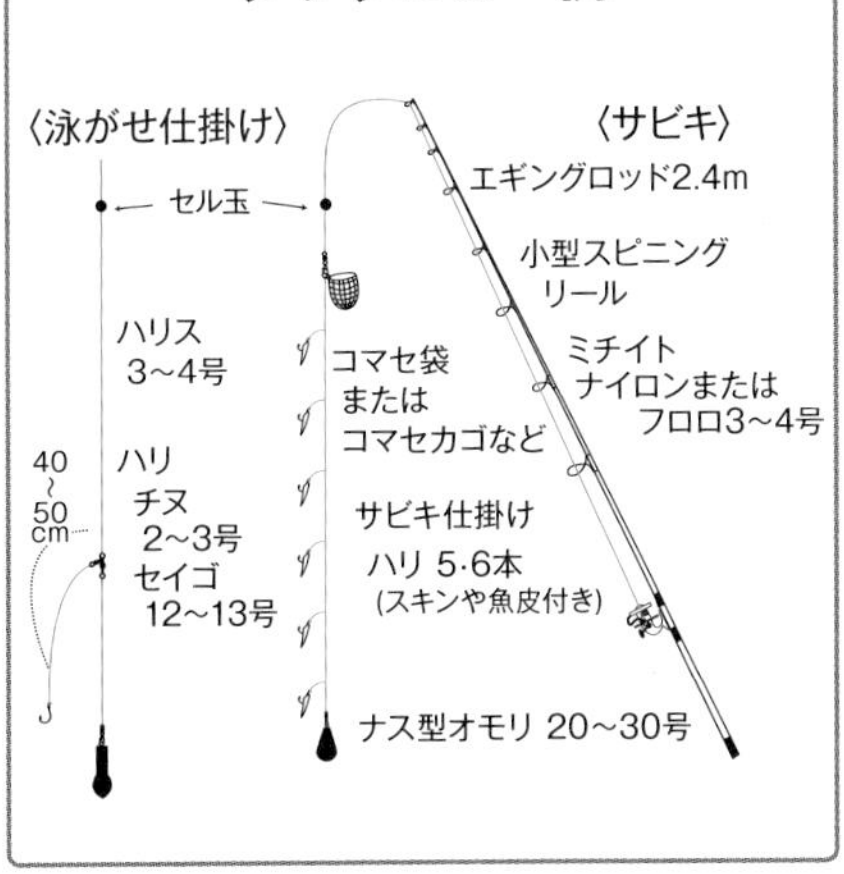

お手軽に高級魚が釣れる人気フィールド
初心者でも簡単に高級魚を釣れる一方でテクニカルなやり込み要素が満載！

普通ではなかなか釣れないマダイなどが高確率で釣れ、青物にヒラメなどの高級魚も期待できる海上釣り堀は、なんといってもその手軽さが魅力。施設に行けば必要なものはほぼすべて完備されており、身体ひとつで出かけて釣りを満喫できる。また、行ったことがないという人でも、「初心者なのでイチから教えてほしい」と伝えれば、たいていの施設はスタッフが釣り方をレクチャーしてくれるだろう。まさに至れり尽くせりの釣りパラダイスなのだが、相手は同じ魚。天候や人為的プレッシャーなどの要因で食いが変わる。少しでも釣果を上げるための攻略法を紹介しよう。

タックル

【竿・リール・ライン】

レンタルはあるものの持ち込み可能。使い慣れた竿のほうが釣りやすいだろう。リールはタックルバランスがとれていればなんでもOK。ミチイトはPE0・8～2号ナイロン、フロロなら3～5号。釣り方に合わせて使い分けよう。

【仕掛け】

大きくウキ仕掛けとミャク仕掛けに分かれる。常連などは特定の魚種を狙った特殊な仕掛けをつくる人もいる。

ウキの場合は、釣れるタナを把握すればそのまま流すだけ。アタリは目でわかるので、子どもや初心者に最適だが、ミャク釣りよりも食いが悪い。

ミャクの場合は、オモリなしか軽いものを付けて自然に漂わせるため食いがいい。また、仕掛けの抵抗が少ないため、エサを離しにくいというメリットも。アタリは急に走る、止まるなどラインの変化を感じとって釣るので、仕掛けの落下速度を把握していないとアタリが取れないので注意。

タックルは推奨されたものが無難

【エサ】

持ち込み禁止の場所が多く、その場で購入するシステムになっている。コマセや集魚剤もNG。入場時に持ち込みがないかチェックすることも。

釣り方

自然環境の影響を受けるので、釣れるタイミングは日によって変わる。日差しが強い日中は桟橋下の陰などに隠れるか深場にいることが多い。魚のたまっていそうな場所を探そう。

アクションは足元に落としてフリーフォール、自然に任せて流す。アタリがなければリフト&フォールが基本。ほかにはタナを一定にキープして流したり、竿先を揺らしたりさまざま。このときに急激な動きをすると魚が警戒するので注意。

魚によっては甘噛みや頭突きでエサに対して慎重な場合がある。ここでアワせると大抵スッポ抜ける。ひと呼吸おくのがベスト。

ハリ掛かりさせてからバラすと、一気に釣れなくなることが多い。焦らずに1尾1尾ていねいに取り込もう。

挨拶から始まる気持ちいい釣り

常識的なマナーと譲り合いの気持ちが大事 つねに周囲への注意を怠らず楽しもう!

ゴールデンウィークや夏休み、秋の行楽シーズンは、大勢の人で釣り場がにぎわう。ほかの釣り人と触れ合うチャンスが増えるのは喜ばしいことなのだが、その反面、ささいなことがトラブルに発展してしまうこともしばしば。混雑した場所で釣りを楽しむなら、守るべき注意点と楽しみ方がある。

【駐車は駐車場へ】

人気釣り場で一番の問題といえば、車の駐車場所だろう。目的に到着したのに、車を停める場所がなくて釣りができないなんてことも十分起こり得る。もちろん、違法な路上駐車のあとに待ってるのはトラブルだけ。通行の妨げになってしまったり、漁業関係者や地元の近隣住民の迷惑になってしまうことは絶対に避けなければならない。

では、釣り場の近くに車をどうしても停めれない場合はどうしたらいいのだろうか? 答えは至ってシンプル。たとえ少し遠い離れた駐車場だったとしても、そこに停めることだ。駐車場がまったくない場合は、近くにいる漁業関係者や近隣の住民などに「釣りにきたのですが、こちらに車を停めてもよろしいですか?」「近くに車を停められそうな場所はありますか?」とひと声かけて、指示に従う。

そうすることで、トラブルを未然に防ぐことができる。常識的なマナーを守って駐車することを徹底しよう。

【釣り場所の確保】

無事に駐車を済ませ、いよいよ釣り場へ。しかし、釣り場は人の山で、どこに入ったらいいのかわからない。こういうときは、どうすればいいのだろうか。

これも答えはシンプル。まずは入れそうな場所を歩きながら探すことだ。駐車スペース近辺は混雑していても、少し離れるだけで混雑が解消されていることはよくある。それでも入る場所がなく、先行者の隣でしかできない場合は、かならず挨拶をして声をかけよう。「おはようございます、お隣よろしいですか?」。このひと声だけでも、先行者の気分はだいぶ和やかになるはずだ。なかにはＮＧを出す人もいるだろうが、トラブルを避けるためにも、先行者の指示には極力従うよう努めよう。釣り場はみんなのものなので、譲り合いの精神を忘れずに。

【オマツリの対処法】

隣とのスペースが近い場合に注意すべきことは、自分のイトが隣のイトが絡んでしまう「オマツリ」。混雑した釣り場では、仕掛けを投入する前に「注意しながらやりますが、オマツリしたらすみません」などと、あらかじめひと声かけておくといい。実際にオマツリしてしまった場合は素直に謝り、真摯にイトを取るよう一緒に対応を心がけよう。勝手に相手の仕掛けを切るのはご法度。どうしても解けない場合は話し合って切るように。そして、イトが取れたらもう一度声をかけると、その後もお互い円満に釣りを楽しめるはずだ。

【周囲への注意怠るべからず】

人気の釣り場は、次から次へと釣り人が訪れてくる。大人だけでなく、子どもの姿も多く見かけることだろう。

道幅が狭いところでは、仕掛けやルアーをキャストする際にはかならず周りに人がいないことを確認してから投げよう。とくに子どもの動きは不規則で、身長も小さく見逃してしまうことあるので要注意。自分の後ろや周りはもちろん、念のため足元周辺も確認してから投げることで、万が一の事故を防ぐことができるだろう。

仕掛けやルアーが周りの人にかかってしまうと、大きな事故になることも。釣りを中止しないといけないという事態を避けるためにも、周囲への注意を怠らず楽しもう。

第1章
海釣りの基礎知識
安全対策

毎年10～12月が事故多発期間
釣り中の事故は9割以上が「海中転落」
危険個所の把握、適切な装備品の着用が必須

例年10～12月に釣行時の事故が増加する＝図①＝。平成24～29年の、死者・行方不明者をともなう釣り中の事故を累計すると、9割以上が「海中転落」だ＝図②＝。安全に釣りを楽しむうえで必要なポイントを簡潔にまとめたので、ぜひ参考にしてほしい。

【ライフジャケット】

2018年、沖釣りでライフジャケットが義務化。予期せぬ事故への予測と対応が重要で、ライフジャケットは命を守る重要なアイテムだ。陸っぱりや手漕ぎボート、船外機艇でもかならず着用しておきたい。

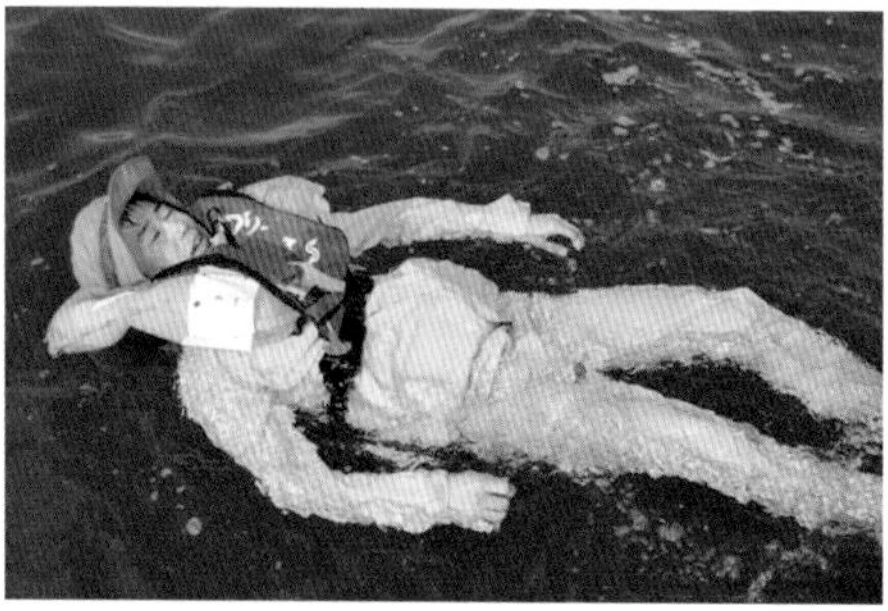

【最新の気象・海象情報の入手】

出発前はもちろん、釣りの最中にも最新の気象・海象情報を入手したい。

天気予報や「海の安全情報」で表示される波の高さは「有義波高」と呼ばれるが、同じような波の状態が続くとき、100回に1回の割合で有義波高の1・5倍、1000回に1回は2倍近い高波が出現する。荒天が予想される場合は中止や早めに切り上げるようにしたい。無理な釣行は、突然の高波にさらわれ、海中転落する危険がある。

【危険個所の把握】

足元が滑りやすい場所や段差、突起物などの危険箇所を事前に把握しておこう。歩きながら、スマートフォンや携帯

電話の使用は厳禁。大人は子どもから目を離さないように。

【適切な装備品の着用】

ライフジャケットはもちろん、磯釣りでは専用シューズ、夜釣りでは周囲をしっかり照らせるライトを持参する。

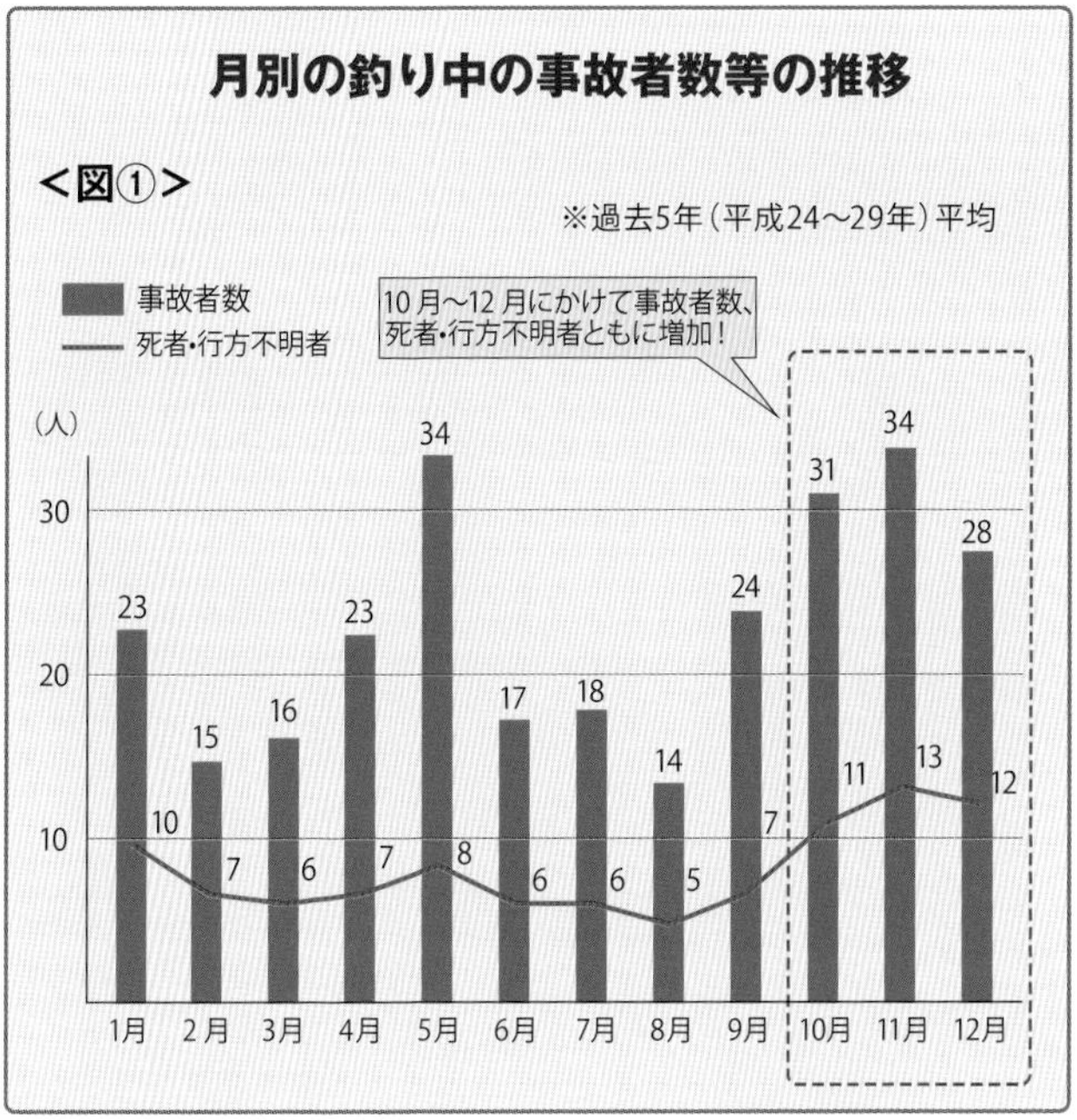

【万が一のために】

防水パックなどに入れた携帯電話を携行し、連絡手段を確保しておこう。事前に家族や友人に、行き先や帰宅時刻などの釣行予定を伝えておくといい。

事故に遭った、あるいは目撃した場合は、海上保安庁（118番）などの公的救助機関に通報する。

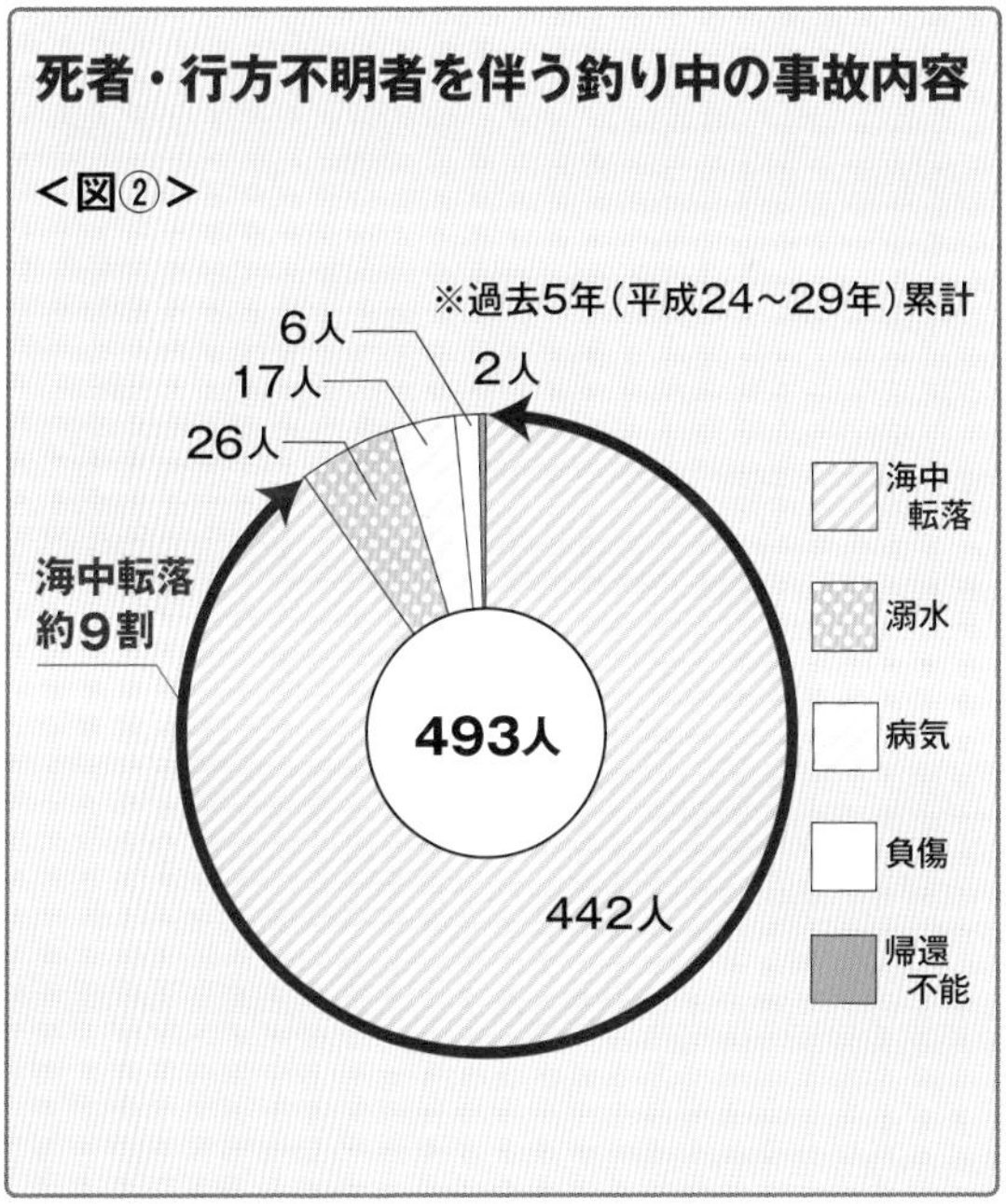

堤防から釣れる「毒を持つ魚」3選

簡単に釣れちゃうからこそ危険！ ハリに掛かるのは美味しい魚だけじゃない!!

ハリに掛かってくるのは美味しい魚だけでなく、危険なものもいる。堤防で釣れる危険な魚を紹介するので、参考にして注意してほしい。

【ハオコゼ】

背びれのトゲが毒腺を持っており、刺さると数時間、軽い痛みが続き、重症化すると嘔吐や下痢、腹痛、呼吸困難に見舞われる。刺された場合、まずは傷口を確認。トゲが残っている場合は除去する。そして、刺された箇所をつねって毒を輩出してから、傷口を火傷しない程度のお湯に浸けて毒を分解する。

【ゴンズイ】

刺されると激痛に見舞われる。対処を怠ると、刺された指から肩まで腫れ上がるほどの症状が出ることがある。刺されたときは、傷口を確認してトゲが残っている場合は除去。刺された箇所をつねって毒を輩出してから、45℃前後のお湯の温度に30〜90分浸す。

【エイ類】

代表的なものはアカエイ類。尾の中央部分に毒トゲを1〜数本有している。重症化すると嘔吐や下痢、腹痛、呼吸困難に見舞われるので、近づかないほうが無難。刺された場合の対処法はハオコゼ、ゴンズイと同様。

第2章

釣法の種類と特徴

第2章
釣法の種類と特徴
サビキ釣り

初めての海釣り体験にピッタリ！
簡単・お手軽な釣りの人気ナンバーワン 釣果を伸ばすには釣り方にひと工夫が必要

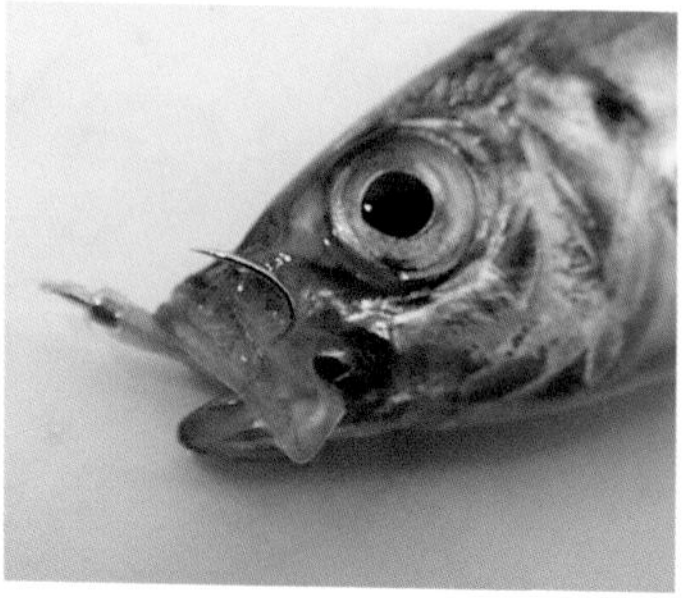

手軽な釣りの人気ナンバーワンといえばサビキ釣り。だれもが釣りやすいところから、釣りが初めての人を連れて行くにもよし、ファミリーフィッシングにもよし。しっかり釣り方とコツを把握して、サビキマスターをめざそう！

サビキ釣りとは？

サビキ釣りとは、複数の釣りバリとまきエサ（コマセ）カゴを基本とした比較的シンプルな仕掛けを用いる釣法のこと。釣り場は海釣り公園や港、岸壁など。初夏から秋までがベストシーズンで、アジ、イワシ、サバ、サッパなど家庭でもなじみのある魚が対象だ。

準備する仕掛けは、ナス型オモリ、コマセカゴ（袋）、市販のサビキ仕掛けなどで全部合わせても1000円前後で購入可能。対象魚によって食いにムラがあるので、サビキ仕掛けは予備も含めて数種類準備すると安心だ。

小型回遊魚がターゲット

釣り場は足簿のいい堤防など

タックル

【竿・リール・ライン】

竿は安価な磯竿などで大丈夫だが、足元を狙うことも多いのでチョイ投げ用でも十分。サビキ釣りの仕掛けは1ヒロ（約1・5メートル）前後のものが多いので、打ち返す際やエサを入れる際など、この仕掛けの長さを十分に扱うためには、仕掛けの約2倍の長さがほしい。3〜4メートル、磯竿の号数で2号前後のものが、魚の引きも十分楽しめてオススメだ。

リールはスピニング1000〜2000番前後の小〜中型で、ミチイトはナイロン2〜3号を巻いていれば十分。

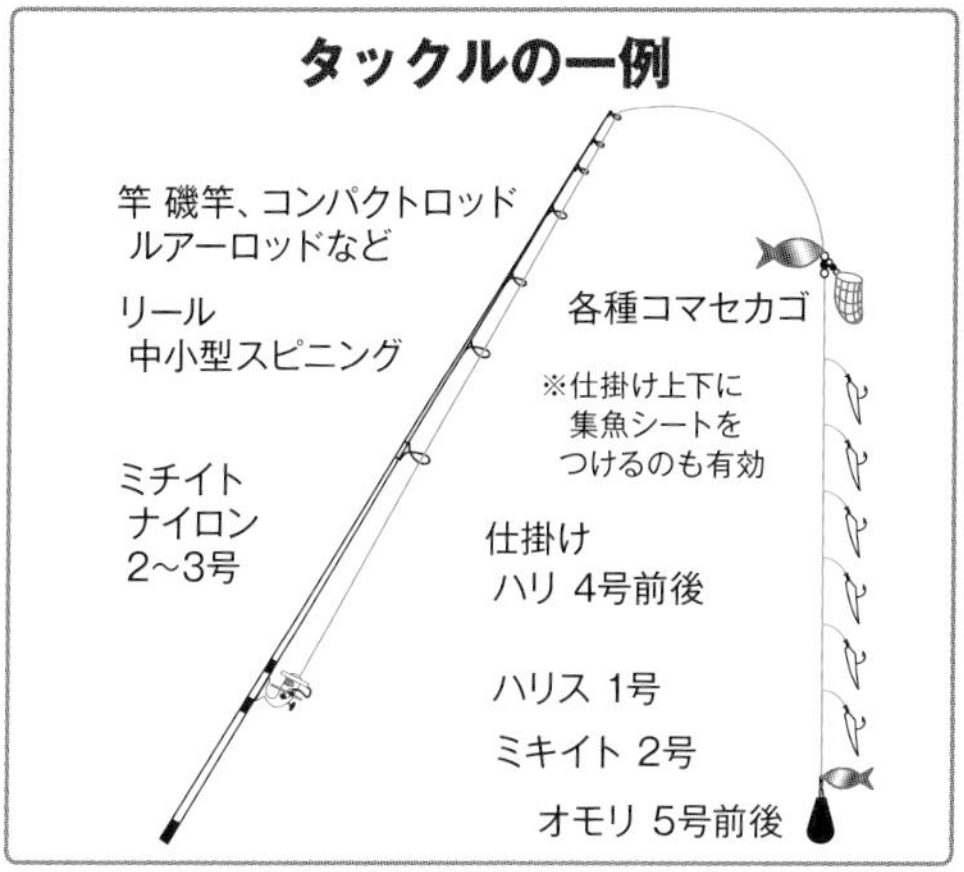

【仕掛け】

この釣りでもっとも重要な「サビキ」を使用する。種類は豊富で、「アジサビキ」、「サビキ○☆」など、商品名のインパクトで選んでしまいそうになるが、重要なのはそのとき釣れている魚のサイズに合わせて選ぶこと。豆アジが釣れているならハリは1号前後の豆アジ用、小アジなら5号前後がいい。判断に悩んだら、釣具店のスタッフに聞いてみよう。

シーズンを通じて扱いやすいのは4号前後のハリで、エダスが1号、ミキイトが2号。バレにくく、また不意に良型が掛かっても安心だ。

ハリに付いているスキン（擬似エ

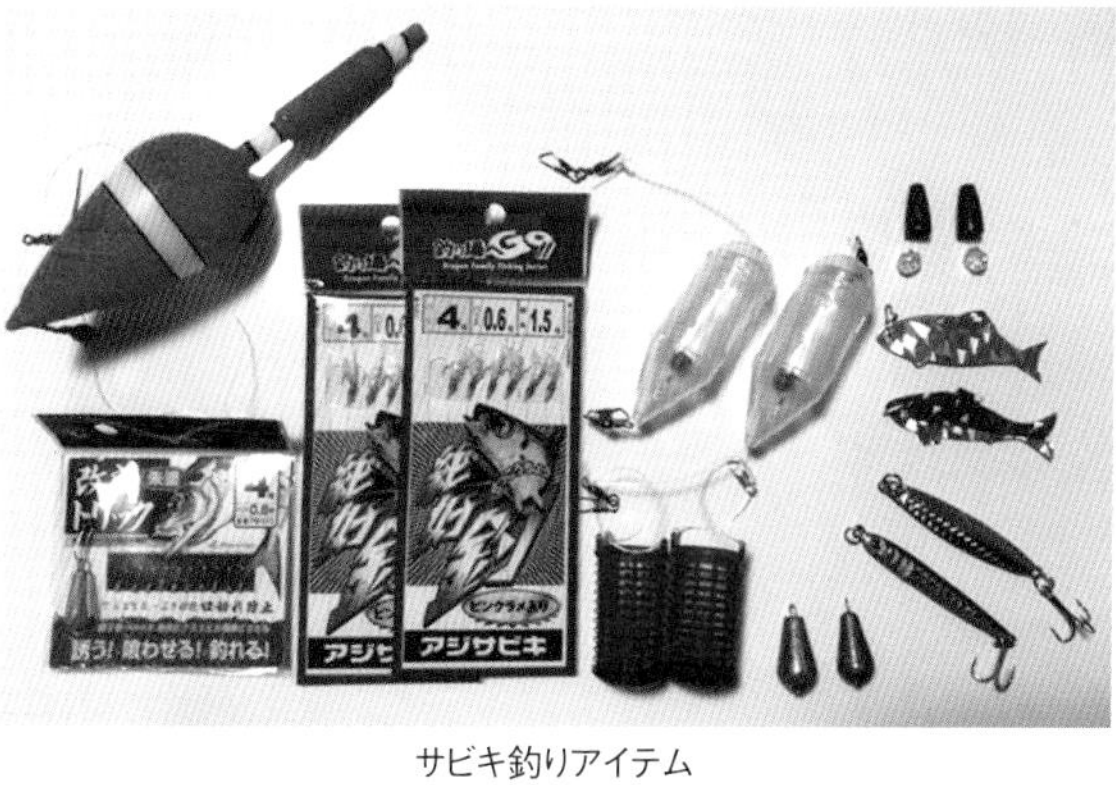

サビキ釣りアイテム

サ）の色はシロ、ピンク、薄いグリーンやサバ皮、ハゲ（カワハギ）皮のケイムラ加工されたものまでさまざま。まきエサの色に合わせてピンクが定番だが、こちらも今釣れている種類を釣具店のスタッフに確認することをオススメする。

コマセを入れるカゴは、サビキ仕掛けの下にセットして使用するオモリ付きのカゴが定番。仕掛けの下にカゴがあるため「下カゴ」と呼ばれ、シンプルで使いやすい。

オモリが付いていないカゴは、仕掛けの上にカゴがあるため「上カゴ」と呼ばれ、ミチイトとサビキ仕掛けの間につなげて、仕掛けが海中でまっすぐ立つように5号前後のオモリを下に付ける。

左が魚皮、右がスキンのサビキ

実は種類が多いカゴオモリ

【エサ】

コマセは、アミとも呼ばれている「アミエビ」を使用する。ブロック状にカットされて販売されており、店によっては解凍された状態で販売している。また、溶けた状態でチューブ状のビニール容器に収納されたアミエビも販売されており、手が汚れなくて使いやすい。

アミエビの冷凍ブロック

釣り方

コマセをカゴに詰めたら、竿を手に仕掛け全体を持ち上げて、仕掛けとコマセカゴを海中に投入。静かに数回竿を上下させる。そして、コマセの煙幕にサビキ仕掛けを同調させてアタリを待つ。

アタリは竿先に明確に出ることが多い。アタリがあったら静かに巻き上げて、仕掛けが絡まないように注意して魚を回収する。しばらくしてもアタリがなければ、竿を上下させてコマセの煙幕をつくる。コマセカゴのコマセがなくなったら、仕掛けを回収して再度コマセを詰めて投入。これを繰り返す。

　魚が食ったら大きく竿をシャクってアワせることが基本だが、魚の活性が高いときは、そのままゆっくりと海面まで仕掛けを上げて取り込んでもいい。慣れてきたら、1尾掛かっても仕掛けを上げるのを少し待ってみよう。この間に掛かった魚が暴れるため、仕掛けのハリ部分も動いてほかの魚への誘いになり、追い食いさせることができる。5本、6本のハリすべてに魚が掛かった姿は、サビキ釣りの醍醐味だ。

群れに当たれば数釣りも

【1尾掛かればチャンスタイム】

　サビキ釣りの対象魚は群れで行動することが多いので、周りの人が釣れ出したら集中して狙いたい。1尾釣れたらすぐさまエサを入れ直し、打ち返して同じタナに入れよう。群れがいる場合は、エサを入れなくともサビキのスキンのみでも食いついてくるが、長時間群れを自分のポイントから離さないために、コマセは毎回詰め直す。

フィッシュグリップがあると便利

自分で釣ったアジのフライは最高!

軽くて短い竿に軽量オモリを使ったライトな釣り
季節や場所によって釣れる魚は多種多彩
くるもの拒まずの五目釣りがおもしろい！

サビキ釣りと並んで手軽な釣りといえば「ちょい投げ」。夏場の代表的なターゲットはシロギスだが、いろいろなゲストが交じることが多々あり、魚種多彩に楽しめるところが魅力だ。

ちょい投げとは？

ちょい投げはその名のとおり仕掛けを軽く投げる程度の釣りで、仕掛けを投げる距離としては20～30メートル、遠くへ投げても50～60メートルといったところ。そのため、比較的沿岸の浅いエリアに潜む魚がターゲットになる。

釣り方もライトなタックルで、軽い仕掛けを投げて引きずったり、竿を置いてアタリを待つだけなので、子ども

主役はなんといってもシロキス

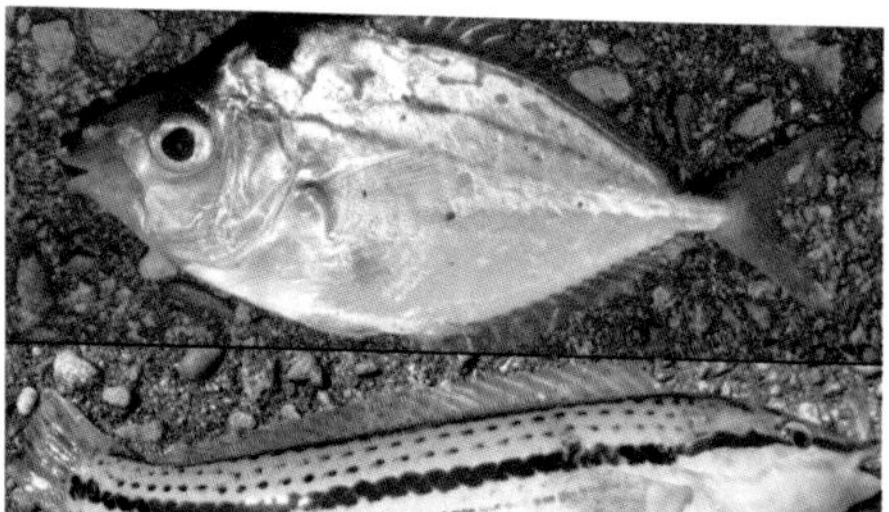

ヒイラギ（上）やベラ（下）も立派なターゲット

や女性も手軽に楽しめ、ファミリーでの釣りにオススメの釣行スタイルとなっている。

あまり食べるには忍びないような小さなゲストフィッシュがよく交じるのも、この釣りの特徴。地方によっても変わるが、メゴチ、フグ、イトヒキハゼ、ヒイラギ、ハゼの仲間、ハオコゼなどが定番だ。魚種多彩に楽しめるのはよいことなのだが、フグやハオコゼ、ゴンズイなどの毒魚が釣れた場合は、けっして素手で触らずフィッシュグリップなどを使ってハリを外し、すみやかにリリースしてあげよう。

毒魚も優しくリリースしよう

タックル

【竿・リール・ライン】

竿は、仕掛けが投げられるものであれば何でもいい。あまり長いものは取りまわしが悪いので、バスロッドやエギングロッド、シーバスロッドなど1・8～2・7メートル程度のものがオススメだ。

リールは2500～3000番クラスのスピニング。

ラインはアタリを明確にとらえることができるPEを使いたい。太さは1号ぐらい。最近は安価なものも出ており、150メートルも巻いておけば十分。穂先絡みや根ズレを防ぐため、リーダー（先イト）としてフロロカーボンの3～4号を1メートルほど接続しておくとベター。

タックルの一例

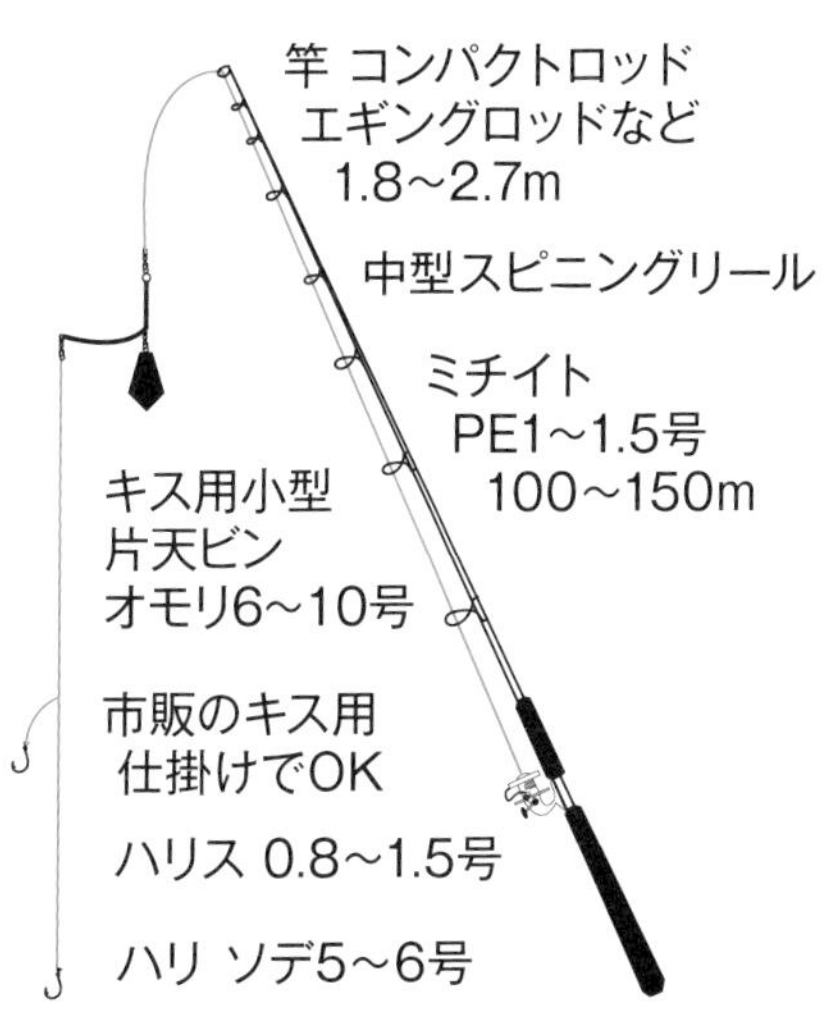

【仕掛け】

　市販のもので十分。最近は全長の短いちょい投げ仕様のものが各メーカーから出ている。仕掛けの全長を確認し、使う竿の長さの半分から3分の1程度のものを選ぼう。

　市販仕掛けにテンビンまでセットされていればそれだけでいいが、仕掛けのみだとテンビンとオモリが必要になる。使う竿の負荷ウェイトに合わせてオモリを選ぼう。重すぎるオモリはサオの破損につながるので要注意。バスロッドやエギングロッドであれば、6～10号ぐらいのオモリが適当だろう。

仕掛けは市販品で十分

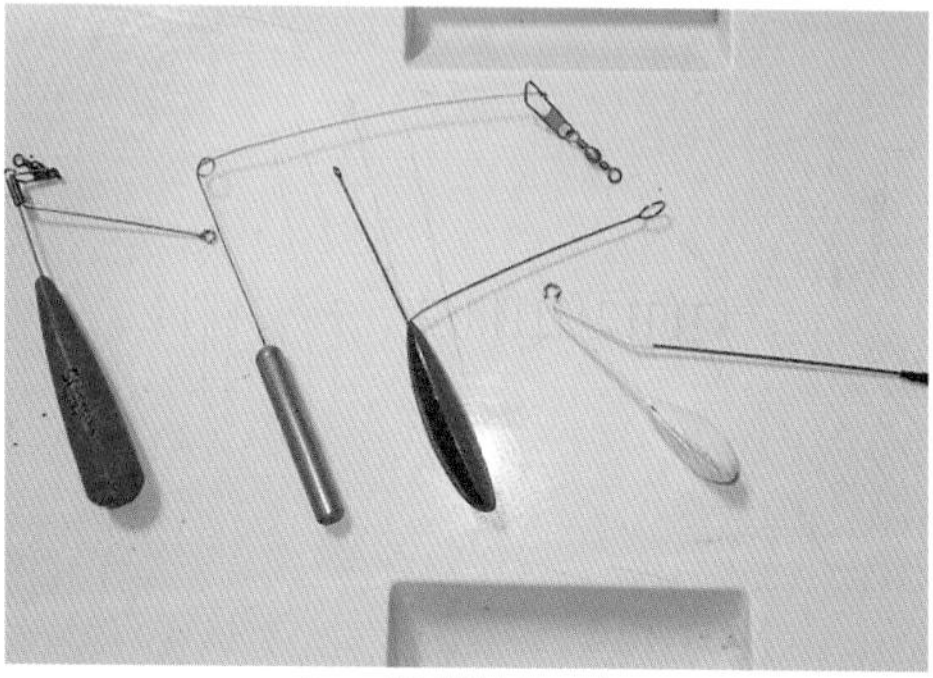
ちょい投げ用のテンビン

【エサ】

　エサはイソメ類が食いがよく、手に入りやすい。ジャリメ、アオイソメがオススメだが、後者はかなり大振りのものもあるので、前者が無難だ。根魚狙いであれば、サバの切り身やイカの切り身なども有効。ちぎれてしまうのでフルキャストはできないが、モエビなどもあるとおもしろいかもしれない。

　虫エサが苦手な人は、人工イソメ「パワーイソメ」に代表されるバイオワームを使うのも手。ルアーとしても使えるが、エサとし

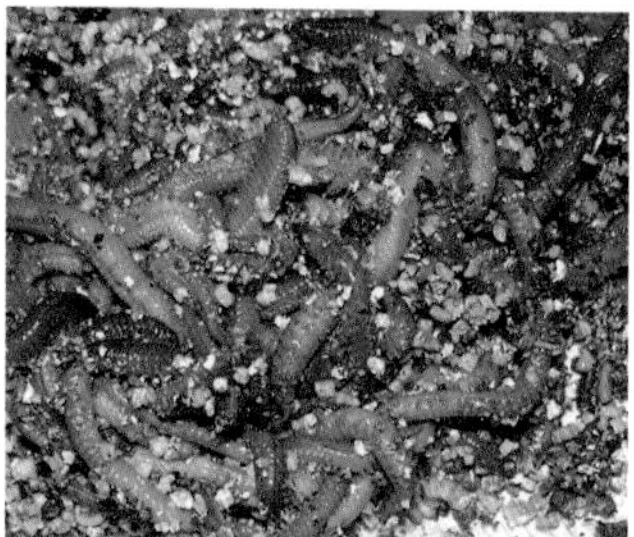
定番エサはジャリメ

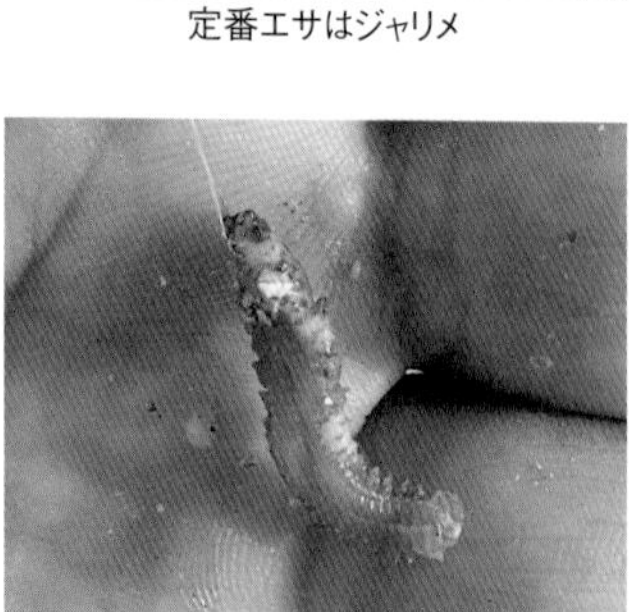
ハリの軸にまっすぐ刺す

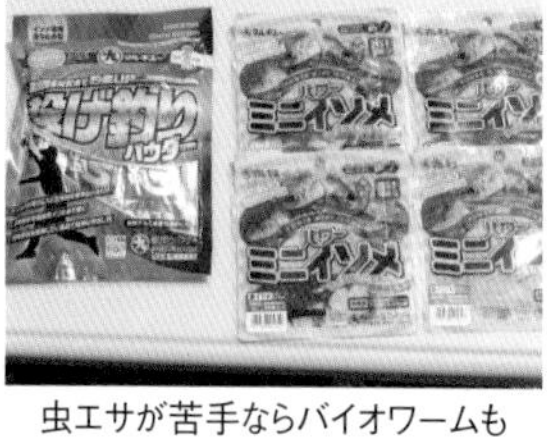

虫エサが苦手ならバイオワームも

ても代用が可能だ。ひとつバッグに入れておくと何かと重宝する。

釣り方

釣り方はいたってシンプル。キャストして仕掛けを底まで落とし、ゆっくりサビいてくるだけなのだが、注意する点がいくつかある。

まず、キャスト時に仕掛けがテンビンに絡まないよう、着水したらすぐにイトに軽くテンションをかける。ルアーフィッシングをしている人なら、「カーブフォール」とか「テンションフォール」という用語を聞いたことがあると思うが、テンビンを手前に寄せぎみに落とすことで、仕掛けが絡みづらくなる。

次に仕掛けをサビくスピードだが、あまりに速いと魚がそこにいてもエサに追いつけない。竿でサビいて、そのぶんイトを巻き取るか、竿を固定してリールだけでゆっくりサビくか。どちらでもいいが、あまり派手に仕掛けを動かすのは禁物だ。キスなどは意外に憶病なので魚を散らしてしまうことにもなりかねない。

アタリは、ほぼどんな魚でも鮮明に出るので、見逃すことはない。ＰＥラインを使っていれば、なおさらはっきりわかるはずだ。ただし、早アワセは禁物。ひと呼吸かふた呼吸おくぐらいのタイミングで、リールを巻き始めよう。大きなアワセはいらず、少しラインを送り込むように竿を持ち上げる感じで十分だ。

堤防などで釣っていると、足元に敷石が入っていたり消波ブロックが入っていたりすることあるので、引っ掛けないよう要注意。せっかく掛かった魚も、仕掛けやテンビンも失ってしまうことになりかねない。一定のスピードで巻き上げてくればＯＫだ。

港内向きでもシロキスはよく釣れる

第2章
釣法の種類と特徴

ウキ釣り

アタリが目でわかるから楽しい シンプルな釣り方ながら表層から海底付近にいる魚までターゲットが豊富

ウキ釣りは海釣りの代表的な釣り方で、初心者から上級者まで楽しむことができる。視覚的にアタリがわかるため、とくに海釣り未経験者にはぜひとも楽しんでもらいたい釣法だ。

ウキ釣りとは?

ウキ釣りはその名のとおり、ウキを浮かべて魚を狙う釣り。ウキには大きく分けて4つの役割がある。

（1）目印
（2）エサを一定のタナ（水深）に浮遊させる
（3）潮の流れや方向、スピードを釣り人に伝える
（4）仕掛けを遠方へ飛ばしたり、運んでくれる

ウキの下にはエサが付いたハリがあり、魚が食いつくとウキが沈む。それが釣り人への魚が掛かったサインになってくれる。ウキが沈む瞬間を視覚でも楽しめることが、ウキ釣りの一番の魅力と言えるだろう。

【メリット】

一番は、魚が食いついてきたかどうかをひと目で判断できるところ。竿先やラインの違和感などから繊細なアタリを感じ取る必要があるほかの釣り方と比べて、ウキの浮き沈みで魚が掛かったかどうかを判断できるウキ釣りは、初心者、とくに子どもにとって優しい釣りと言える。

また、ウキ自体が浮力を持っていることで仕掛けをフワフワと自然に漂わせることができるので、魚に違和感を与えにくいという点も強みだ。

【デメリット】

ウキ釣りの場合はタナを変更しづらいということが挙げられる。ある程度同じ深さにい続ける魚であれば問題ないが、ころころと居場所を変える魚を狙っている場合には、タナの調整がしづらいウキ釣りは効率が悪くなる。

【対象魚】

海でのウキ釣りは美味しい魚がたくさん狙える。代表的なのはアジやサバ、イワシなどの小型回遊魚。そのほかにメジナ、大物になるとクロダイやスズキ、タチウオなども狙うことができる。

ウキ釣りで狙えるおもな魚種

タックル

【固定式&遊動式】

ウキ釣りには固定式と遊動式の2種類が存在する。

固定式はウキをミチイトに固定してしまう釣りで、狙うタナが浅めの場合に使う。仕掛けのつくり方が簡単なので、初心者にオススメだ。

遊動式はウキがイトをするすると動く仕掛けで、狙うタナが深めの場合に使う。固定式と違って必要なアイテムが多いため、仕掛けをつくる難易度が上がる。

固定式ウキ

遊動式ウキ

誘導式タックルの一例

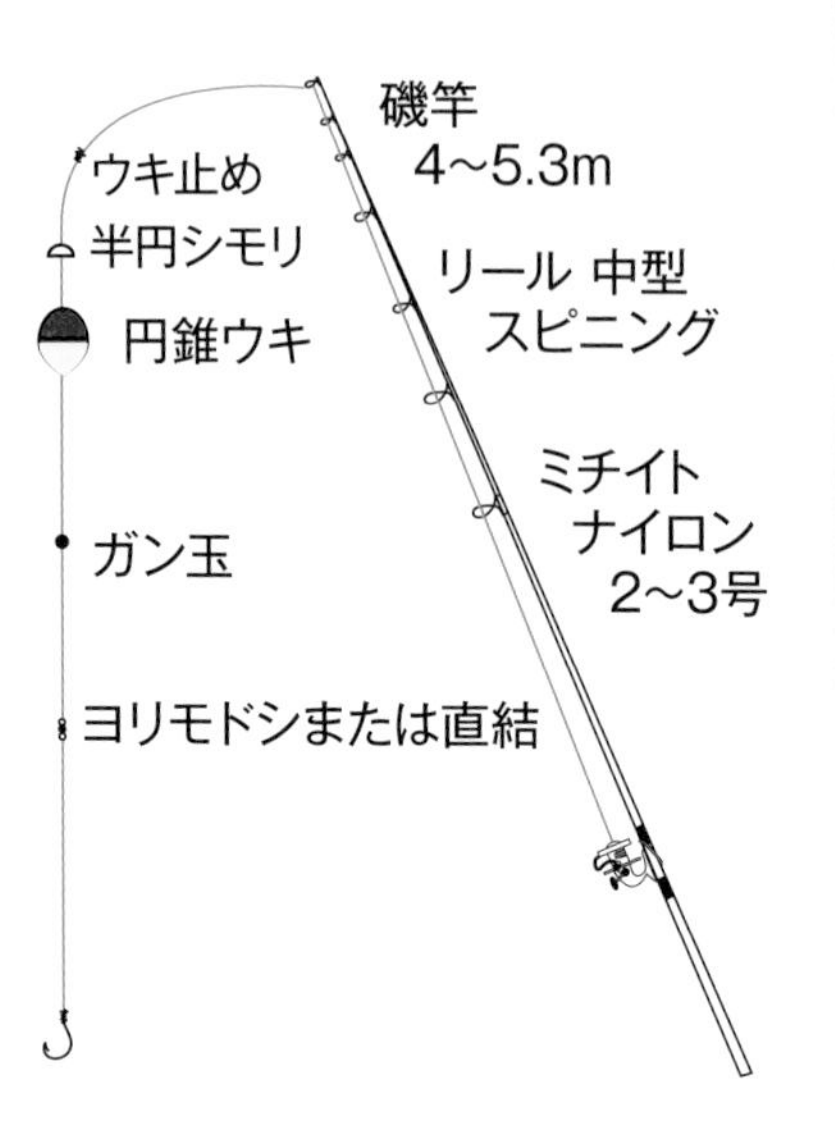

固定式タックルの一例

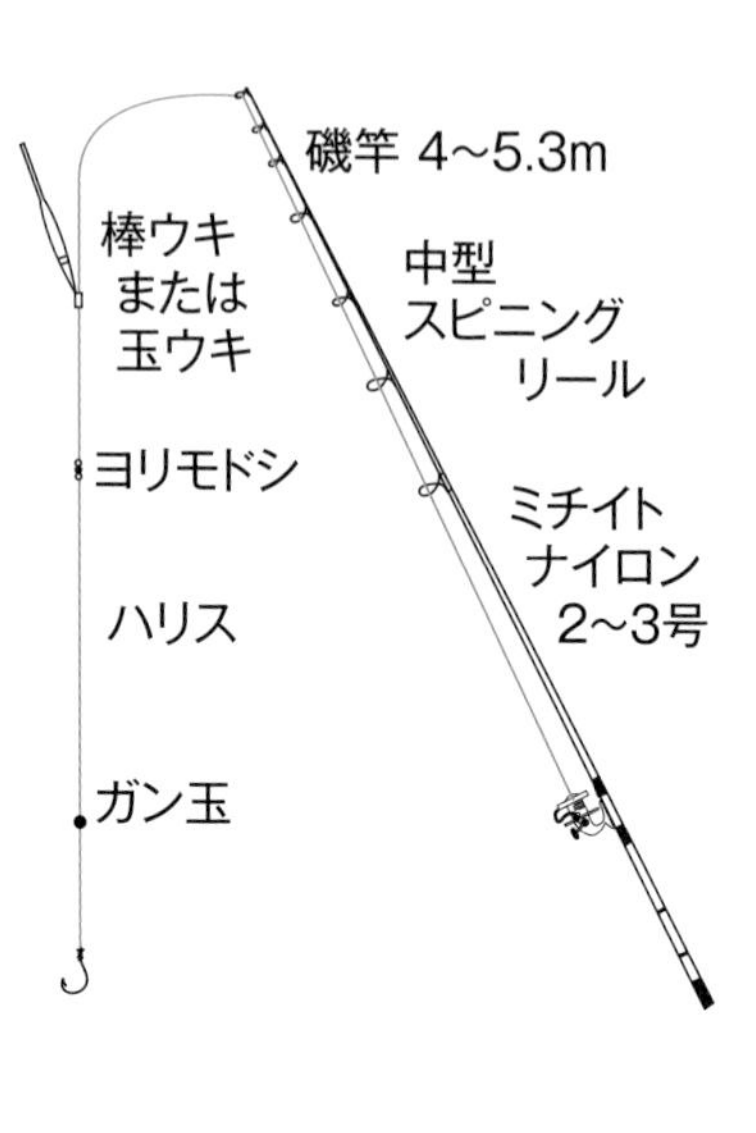

【竿】

4〜5・3メートルの磯竿がオススメ。磯竿には硬さがあり、1号や2号などさまざまな硬さがある。最初の1本は取りまわしのいい4メートル、1・5号を選べばまちがいないだろう。

【リール】

軽さと強度のバランスがいい2500番のスピニングリールがオススメ。レバーブレーキリールというものもあるが、扱いがむずかしいのでまずは通常のスピニングリールを選ぼう。

【ライン】

ナイロンがオススメ。太さは2〜3号程度を選べばOKだ。ハリスはミチイトと同程度の太さを選んでサルカンと結ぶようにしよう。

ウキ釣りに必要な道具

【仕掛け】

固定式ではウキを固定するためのゴム管、ミチイトとハリスを結束するサルカン、ハリが付いたハリスにガン玉が必要。ミチイトにウキを固定するためのゴム管を通し、そのゴム管に固定ウキを刺し、ウキの下にサルカンを結び、ハリスを1・5メートル程度結んで釣りバリを結べば完成だ。ハリの種類はグレやチヌ、伊勢尼など。サイズは対象魚によって異なる。ハリスの号数は1～2号程度。

遊動式ではタナを決めるためのウキ止めイト、ウキがウキ止めイトをすり抜けないようにするためのシモリ玉、ミチイトとハリスを結束するサルカン、ハリスとハリ、ガン玉、遊動式のウキが必要。ミチイトにウキ止めイトを結び、その次にシモリ玉、遊動式のウキ、サルカン、ハリス、ハリの順番でセットすれば完成となる。

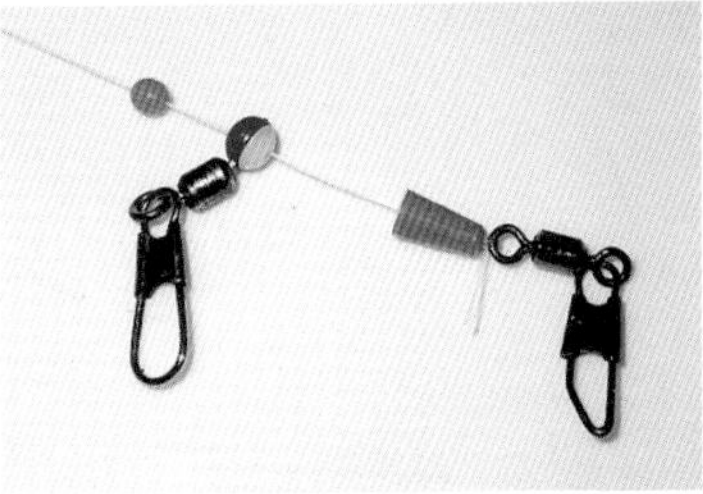
遊動仕掛けのパーツ

シモリ玉もいろいろ

釣り方

ウキ釣りはコマセで魚を寄せる必要があるので、バケツなどにコマセを準備する。一般的にはアミエビだけで十分。ただし、アミエビだけでは水分が多くて投げにくいので、配合エサと呼ばれるパン粉系の粉エサと混ぜて使うことが多い。コマセができたら、マキエシャクで数杯、海にまいてみる。早ければすぐに魚が寄ってくるだろう。

付けエサには、大粒のアミエビかオキアミを準備。エサでハリが隠れるように付けてから、コマセの煙幕付近にウキを投入する。付けエサに魚が食いつけばウキが勢いよく海中に消えていくので、竿を軽く立てながらリールを巻いて魚を回収する。

しばらくしてもウキに変化がなければ、仕掛けを回収。ハリに付けたオキアミが残っているようなら、ウキ下を深くする。逆になくなっている場合は、ウキ下を浅くするのが基本だ。

手軽に始められてターゲットは多彩
仕掛けを投入してからアタリを待つ間のドキドキ感がたまらない！

投げ釣りは数ある釣りジャンルのなかでも比較的入門のハードルが低く、釣りが初めての人でも手軽にチャレンジすることが可能。対象魚も豊富で、底を遊泳し沿岸の浅場を生息域とするすべての魚種が対象となる。

投げ釣りとは？

ひとことで言えば、陸から沖に向かってエサの付いた仕掛けを遠投して対象魚を狙う釣法で、おもな釣り場は「サーフ」と呼ばれる砂浜や足場のいい堤防。代表的なターゲットは沖合いを回遊するシロギスやカレイなどの底物だが、釣れる魚は多彩。タックルや仕掛け、釣り方、ポイントの選び方も多様で、本格的に始めると奥が深い釣りだ。

夏のサーフの主役はシロギス

カレイも定番のターゲット

タックル

【竿】

投げ竿は振り出しタイプと並継ぎタイプがある。振り出し竿は持ち運びに便利でコンパクトに収納できるが、継ぎ数が5本ぐらいあるので反発力が弱く、竿自体も重くなる。したがって遠投性の面では並継ぎより劣るものが多い。

タックルの一例

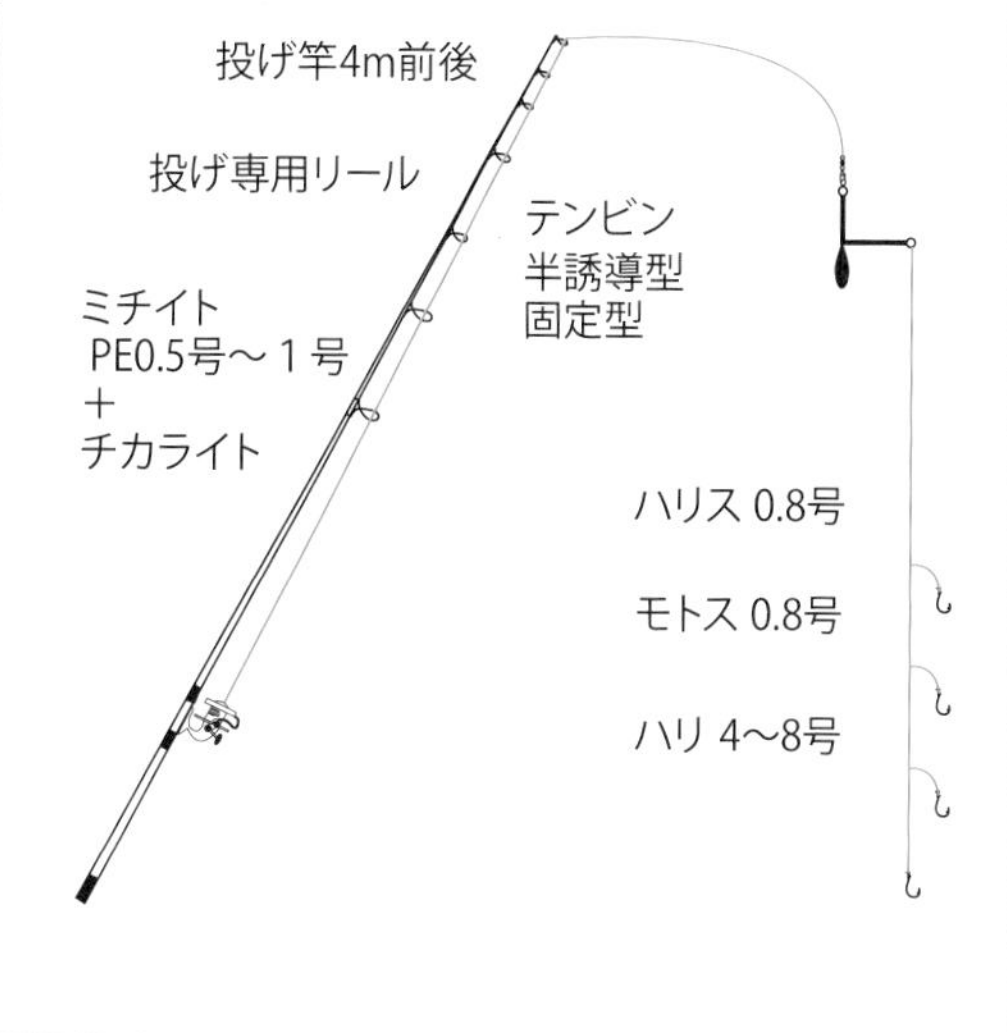

並継ぎザオは基本的には3本でできており、継ぎ数が少ないぶん反発力が強く、遠くへ仕掛けを運ぶのに適している。サーフで使用する場合は、仕掛けを遠くへ運べるよう、並継ぎザオがいいだろう。長さは4《メートル》前後が多く使われている。

調子はアタリを敏感にキャッチでき、急激なアタックにも優しく対応できる先調子がハリ掛かりがよく、最近の主流だ。胴調子はベテラン向きで、遠投性能に優れているが、アタリが伝わりにくい。

オモリ負荷は、男性なら25〜33号、女性なら20〜27号。長さは男性なら4《メートル》前後、女性なら極力3・6〜4・05《メートル》、子どもは振り出しタイプの2・4〜3・3《メートル》、または少し長めのルアーロッドがいいだろう。ただし、男女問わず自分の体力に合わせてなるべく軽い竿を使用することをオススメする。

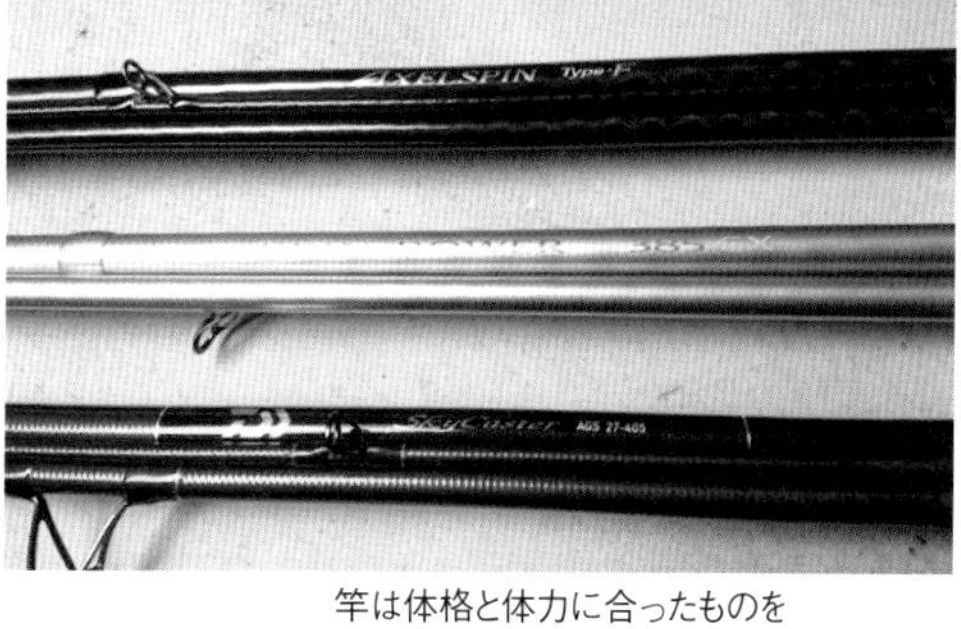
竿は体格と体力に合ったものを

【リール・ライン】

サーフから狙う場合、かならず投げ専用のリールを使用しよう。スプール溝が浅く、経の大きな大型スピニングリールが一般的に使用されている。専用以外のリールを使うと、ミチイトの放出時にイトがスプールエッジに擦れ、摩擦で飛距離が落ちてしまうからだ。

ミチイトは、現在の主流はPE。ポリエチレン製で、25《メートル》ごとに色分けされ、キャストした距離を確認できる。また、少しでも遠くへ仕掛けを運ぶため、空気抵抗の少ない細イトがベター。ただし、細いイトは強度が弱いので、同じ素材のチカライト（テーパーライン）をつないで使う。使い分けとしては、海底がほとんど砂地なら0・5〜0・6号、ちょっと海底にシモリや海藻がある所では0・8〜1号ぐらいがいいだろう。

【オモリ・テンビン】

オモリとテンビンは種類が多い。オモリとテンビンが別々のタイプ（半遊動）や一体型（固定型）もある。一体型のテンビンはL字型が多く、キャスト時に飛距離は出るが、若干アタリが感じにくいデメリットがある。一方、別々のタイプはアタリを鮮明にとらえやすいが、多少飛距離が短くなる。

オモリの号数は、使用する竿によってオモリ負荷が決まっている。標準よりも若干軽いオモリを使用しよう。基本的な考え方は、竿に記載されている標準負荷よりも1〜2ランク軽いオモリ、たとえば25号負荷なら20号や23号が扱いやすい。

【仕掛け】

仕掛けはシロギスなどの投げ釣り専用の市販のものを使用する。既製品には2本バリと3本バリがあるが、ビギナーには2本バリ仕掛けがオススメだ。ハリを結ぶことができる人は、自分で工夫してつくるのもいい。

意識したいのは、ハリの大きさ。経験の浅い人は少し大きめのハリを使うことが多いようだが、た

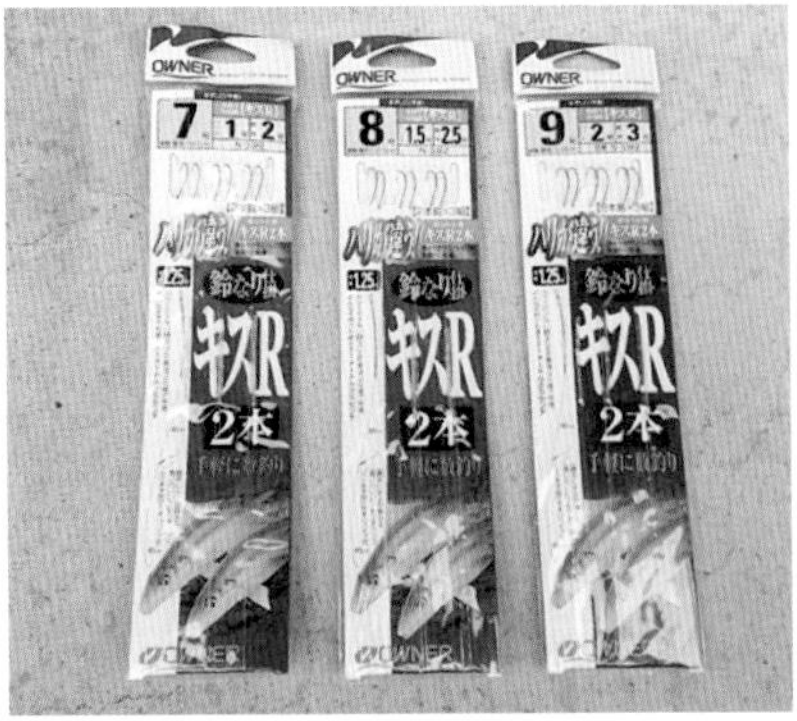

カレイも定番のターゲット

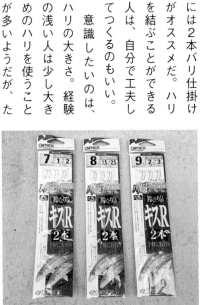

とえばシロギスの場合、小型が多いときは4~5号、中型なら5~6号、大型であれば7号以上といった具合に使い分けると釣果が伸びることがある。

【エサ】

アオイソメ、ジャリメ、チロリなどが一般的。チロリは特効薬的な効果があるが、高価で入手しづらい。気をつけたいのは、エサの大きさ（太さと長さ）。太いエサは、アタリは出るがハリ掛かりしないことが多い。

釣り方

すべての準備を終えたら、後ろや周りに注意してできるだけ遠くに投げる。オモリが着底したら、余分なミチイトを巻きとって竿先が軽く曲がる程度にしてアタリを待つ。

アタリは竿先がコンコンと曲がったりする。魚が掛かっていたら、あわてずに一定のスピードで巻き取って魚を回収。数分待ってもアタリがない場合は、リールを数回巻き取って仕掛けを移動させてから再度アタリを待ってみよう。

何度か移動させてもアタリがない場合は、仕掛けを回収してエサのチェックをする。エサが魚に取られて短くなっていたりなくなっていたら、新しいエサに交換して狙うのが釣果を伸ばすコツだ。

投げ釣りは底の状態や潮の流れを、オモリやミチイトを通して感知し、ポイントを絞り込みながら魚の居場所や通り道に仕掛けを入れることが重要。どんな魚でも、1尾釣れたら周辺に群れで生息しているか、魚の通り道になっている可能性が高いので、その周辺を集中的に狙っていこう。

流れ込みは一級ポイント

砂利や粒子が大きな砂がたまっている場所も狙い目

晩秋から冬の最強釣法
宝探しのようなワクワク感が魅力 ダイレクトに伝わる鋭い引きがクセになる!

晩秋、そして冬場の海は、寒波襲来などで荒れたり、急な水温低下に泣かされたりする時期だ。そんなときに強い味方となるのが、捨て石などの隙間に潜む根魚を狙った穴釣り。ターゲットや狙う場所を知っておけば、いざというときの土産稼ぎにも有効だ。

穴釣りとは?

消波ブロックの隙間や岩の隙間など、狭い穴にエサやワームを落として魚を狙う釣りのこと。足元がポイントのため専用のタックルが必要なく、キャストする必要もないため初心者でもすぐに楽しめる釣りだ。それでいて釣れる魚種は、カサゴやソイなどからメバルやギンポまで多彩。宝探し感覚で仕掛けを落とす穴を探していく点も、人気がある理由のひとつだろう。

冬場でも魚種多彩なのが、この釣りの魅力

タックル

【竿】

長さが極端に異なる長短2タイプを用意したい。「極端に」というのは、釣り場の地形によるところが大きい。穴釣りは障害物の隙間があれば、仕掛けを投入する価値がある。ほかの釣りと大きく違う点は、立っている真下にも好ポイントがあるということだ。長い竿では釣りにくい足元であったり、短竿では届かない場所にもポイントは広がるので、それらを広範囲にきっちりと探れるようにしたい。具体的には短竿は全長1～1・5《メートル》、長竿が4～5《メートル》。最近は穴釣り専用の短竿が売られているが、長いほうの竿は磯竿やクロダイの落とし込み竿などを転用することが多い。

ブラクリ仕掛けの一例

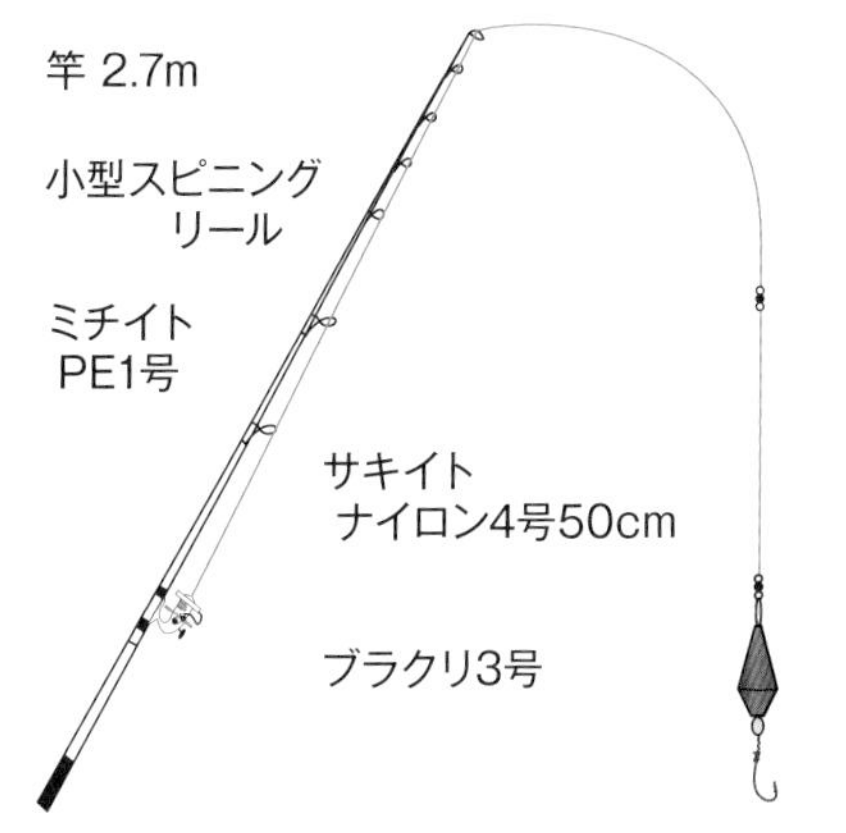

【リール・ライン】

リールはスピニング、両軸どちらでもOKだが、遠くへ投げることはないので両軸のほうが扱いやすい。リールに巻くラインは感度でいえばPEだが、根ズレに弱いのでナイロンかフロロカーボンラインが最適。太さはターゲットにもよるが、4号程度あれば十分だ。

【仕掛け】

根掛かり防止策がもっとも大切。たとえば、テンビン仕掛けに使用する2本バリのように長い仕掛けが付いたものだと、オモリ自体が穴の中に入り込んでも肝心の仕掛けが穴に入っていないし、ハリがフラフラして根掛

狙うのは大きな石の隙間

かりが多発してしまう。

定番としては、ブラクリ仕掛けと呼ばれる3号前後のオモリの下に1～2センチのハリスとのハリが付いただけのシンプルなものが用いられる。ほかに中通しオモリでハリスを極端に短くした仕掛けや、1本バリの胴突き仕掛けでこちらもハリスを極端に短くしたものもある。いずれにしても、ハリ自体がフラフラと自由に動いて引っ掛かるのを防ぐ意味で極端に短いハリスを利用する。

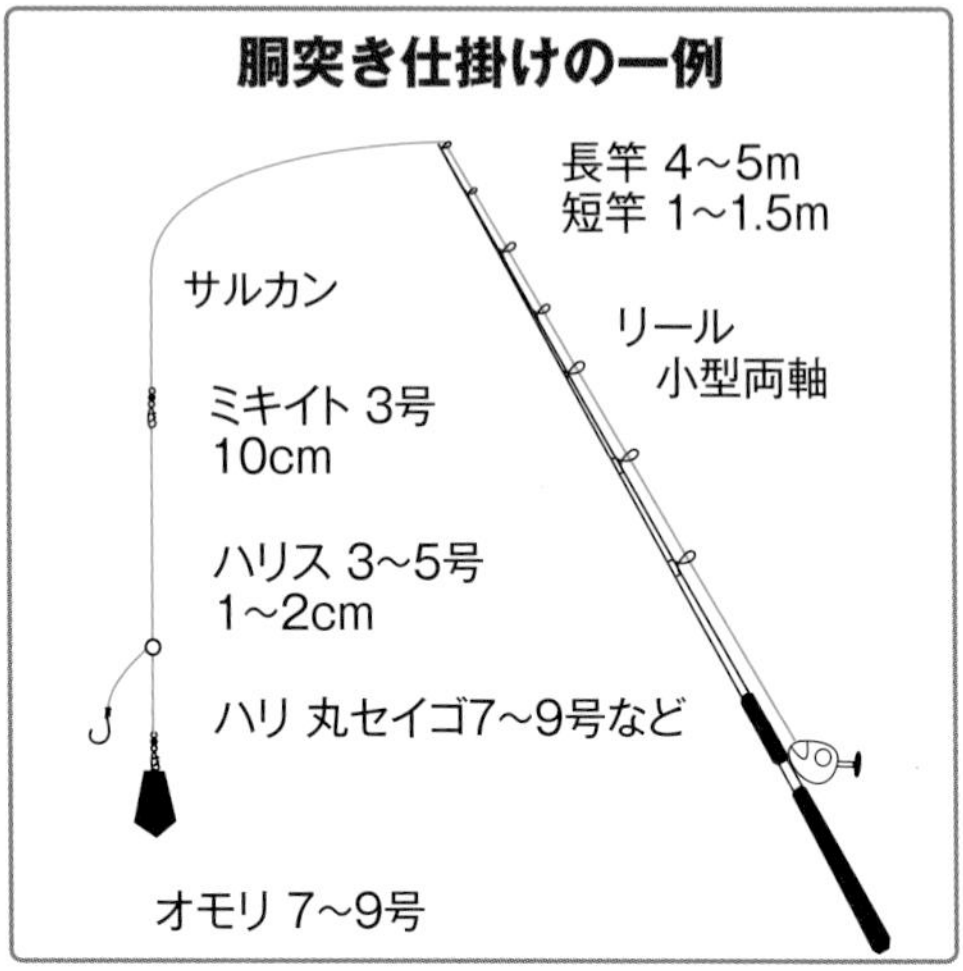

【エサ】

オキアミ、魚の切り身、シラサエビ、アオイソメなどの虫エサと幅広い。そのときどきで当たりエサも変わってくるが、持参しやすいエサを数種類用意すればいいだろう。

すべてのエサには一長一短がある。たとえば、オキアミは冷凍で入手できるので手に入れやすく扱いやすいが、軟らかく食い込みがいい反面、障害物の中を釣るときにはハリから外れやすい。身エサは大型魚に有効だが、小型魚は食べにくい。また、カサゴなどは大好物だが、メバルやアイナメなどにはあまり向かない。シラサエビは万能なエサだが、生かして持っていく道具が余計に必要などだ。

大物狙いには切り身が有効な場合も

釣り方

短竿でも長竿でも要領は同じ。基本中の基本は「できるだけ深い穴を探す」ことだ。視認できる場所で穴を見つけたら、ソッと仕掛けを落としてみる。ここでオモリが浅いタナで止まってしまったら、少し持ち上げては落とすのを繰り返すと、オモリが勝手に転がって深い穴へと落ち込むことがある。穴自体が深くなければ何度落としてもそのままなので、すぐに穴をかえるといい。この見切りが大切な要素となる。

どんどんと移動を繰り返して穴に仕掛けを落とし、深い穴を見つけたら少し粘ってみる。ただし、根魚の場合は穴の中に潜んでいればかなり反応は速いので、深い穴に仕掛けを落ちたからといって長く粘るのも効率が悪い。

穴釣りの特徴は、「1尾釣れれば同じ穴で続けて釣れることが多い」点だ。おそらく環境のいい、住みやすい穴、隙間には魚が集まってくるのだろう。1尾目もしくは2尾目くらいに大型の魚がヒットすることが多いので、釣れる魚が徐々に小さくなってきたらその場所は終了として、次の好場を探して移動しよう。

よく釣れた穴は、一度釣ってしまっても少しすれば新しい魚が入ってくる。それだけ潜みやすい快適な場所なのだろうが、場所を覚えておくと、朝イチに釣った穴で午後からもまた釣れたり、日をかえて次の釣行でも実績のあった穴を手早く探ることで、効率の良い釣りが展開できるようになる。

【根掛かりの外し方】

障害物の中を釣るのだから、根掛かりはつきもの。しかし、ハリとオモリが近い仕掛けの最大のメリットは、根掛かりを外しやすい点である。ハリが障害物に掛かっても、ほんの少し緩めるだけでオモリがハリの下に落ちて、下方向へ引っ張る事でハリが外れることが多々ある。

万が一根掛かりをしたら、上に引っ張るのではなく、イトを緩めてオモリを落とすのが最優先。外れなければオモリを引っ張り上げて落とすのを何度も繰り返す。そうしているうちに外れることが多い。力強く引っ張ってしまうと、ハリがガッチリと障害物に掛かってしまい、少々のことでは外れなくなってしまうので注意しよう。

消波ブロックは格好のポイント

一見何もないが海底には穴があることも

活きエサで目指せわらしべ長者！
夏から秋にかけてがベストシーズン
堤防からでも大型の高級魚が狙える！

アミエビがイワシやアジに、そのアジがマゴチやヒラメといった大型高級魚に変わるのが泳がせ釣り。「わらしべ長者」気分を味わおう！

泳がせ釣りとは？

堤防からの泳がせ釣りとは、生きた小魚を泳がせて、それらを捕食するフィッシュイーターを狙う釣り。ターゲットを変えれば、ほぼ1年中なにかしら狙える釣りではあるが、ベイトフィッシュ（エサとなる小魚）が多い夏から秋にかけてがベストシーズンだ。

釣り方はウキを付けておもに表層～中層を狙う方法と、ウキは付けずにやや重めのオモリで底を狙う方法がある。それぞれの方法でターゲットが変わり、ウキを付ける場合はイナダやワラサ、カンパチ、スズキなど遊泳力が高い青物などが主体となり、ウキを付けない場合はヒラメ、マゴ

底物のメインターゲットはヒラメ

もうひとつの代表格がマゴチ

チ、ソイ、カサゴなどのいわゆる底物が主体となる。
ここでは、ウキは付けずに底を狙う方法（投げ釣りスタイル）を紹介する。

タックル

【竿・リール・ライン】


エサとなる小魚は、仕掛けを投入したあともできるだけ長時間元気な状態で動きまわることが理想。そのため、ハリは鼻掛けにするか、背中の上のほうを通すことになるのだが、仕掛けを投入する際、竿が硬ければ身切れを起こしてハリから活きエサが外れてしまうので、なるべく軟らかめのものがいい。専用竿ならオモリ負荷25号前後が目安。磯竿の4号クラスなども転用可能だ。

リールは、普段投げ釣りで使う大型スピニングリールでOK。ミチイトはナイロン5～6号、PE3～5号を使用する。


【仕掛け】


水深とエサのサイズに応じてふたつのタイプを使い分ける。

水深が浅くてより遠くを狙う場合は、投げ釣り用の遊動テンビン20～25号を使う。ハリス6号を約1ヒロ取り、その先にハリを結ぶ。

足元から水深があり、沖から手前までを広範囲に探る場合は、胴突きタイプの仕掛けを使う。この場合、ハリスは1《メートル》くらい。ステイトは約1・5《メートル》にして、オモリの20～25号を結ぶ。

ハリは、エサのサイズによって種類と数を変えるといい。12《センチ》に満たないいわゆる豆アジやイワシを使う場合、ハリを多く打つとエサの弱りが早くなってしまうので1本バリとし、孫バリは使わない。丸セイゴ系の14～16号がオススメだ。

12《センチ》を超える小アジを使う場合、親バリとして丸セイゴ系の14～16号を鼻掛けにして、孫バリは泳がせ用のトリプルフックを尻ビレ付近に打つといい。

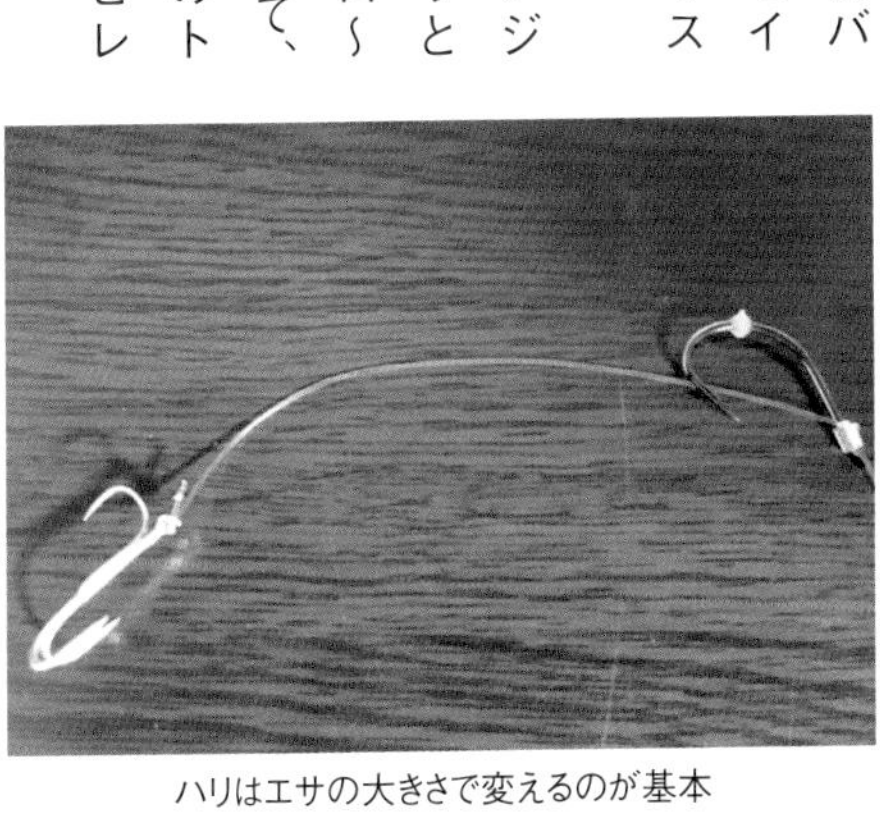
ハリはエサの大きさで変えるのが基本

【エサ】

エサとなる小魚は、釣具店などで販売されている生きアジやウグイを購入して使うか、現地でサビキ釣りをして調達するかのいずれかであるが、費用を節約するのであれば、現地で調達するほうが安上がりである。ただし、サビキで狙うイワシやアジ、サバも気まぐれで釣れない日もあるため、少量でも購入してから現地に持ち込んだほうが無難。

釣り方

ハリにエサを付けたあとは、できるだけすばやく仕掛けを投入する。長い間水から活きエサを上げてしまうと、そのぶん弱りが早く、海中で元気に動いてくれなくなるからだ。

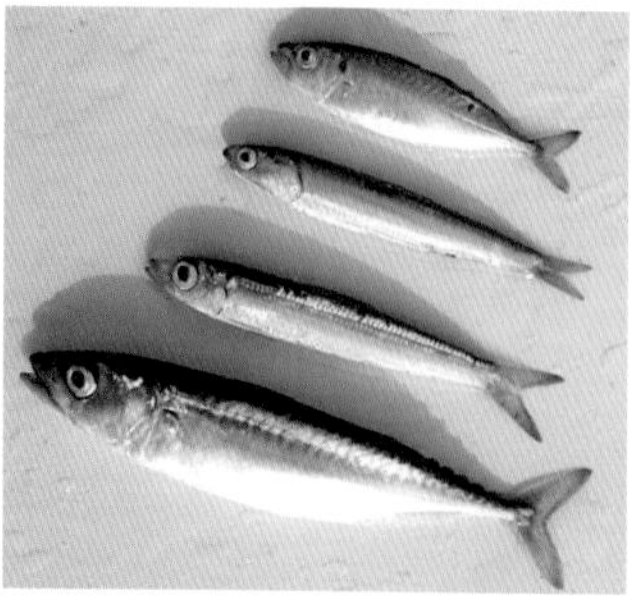
活きエサは小型回遊魚が理想

エサは電池式のエアレーションが付いた活かしバケツに

活イワシエサの付け方

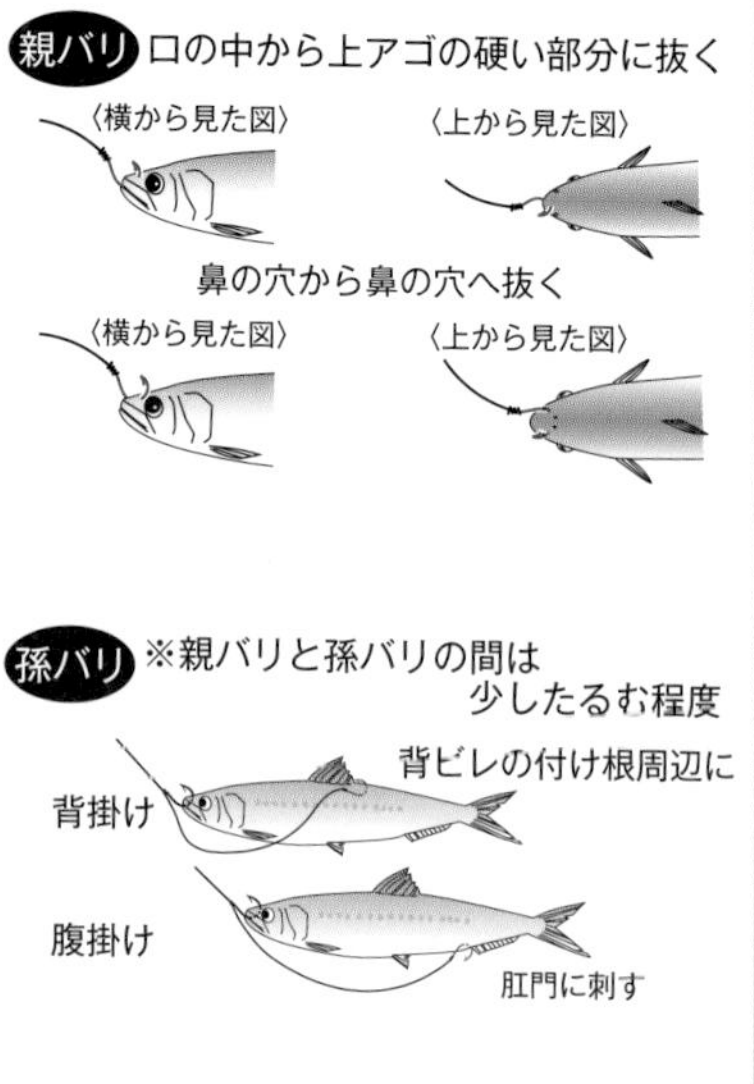

投入後、オモリが着底したら、仕掛けを数《メートル》動かしてエサの動きを確認する。このとき、ハリから外れていれば軽くなって反応がなくなり、仕掛けに絡みついてしまった場合などは逆に重くなる。絡んだ仕掛けには、ヒラメやマゴチは絶対にヒットしない。

誘いは、活きエサが海中で自然に動いているのが一番の誘いになるので、投入後仕掛けはあまり動かさない。捨て石の際を狙っている場合は、根掛かりの原因にもなるからだ。しかし、長時間仕掛けを海の中に入れていると、やはり活きエサが弱ってきて泳がなくなる。そんなときは、竿を大きくあおることでふたたび泳ぎ始めることがあり、その直後に食いつくケースも多い。

【アタリとアワセ】

アタリの出方はさまざまだが、アタリが出たらすぐにアワセは入れずに、すばやくミチイトを送り込んで違和感なく食い込ませるようにする。アタリと同時にアワせてしまうとすっぽ抜けで終わってしまうので、30秒～1分ほど待つといい。

しばらく待ってみてから竿先でゆっくり上げてみて、魚が食い込んでいれば一気に竿先を持っていくので、このタイミングで大きなアワセを入れる。中途半端なアワセは巻き上げ途中にハリが外れる確率が高くなるので注意が必要だ。

近所の堤防でこんな大物に出会えるかも!?

ヒラメの場合、海面に魚体が出た途端に暴れる場合が多いので、できるだけ水面下で魚をいなしながらタモに誘導する。やむを得ず暴れてしまった場合は、慌ててタモで追いかけず、いったん魚を海面下で泳がせて落ち着いた状態になるのを待ってから再度タモに誘導するようにする。タモ入れはサポートしてもらうほうが無難だ。

慎重にやりとりして取り込もう

【大物は大物でも……】

フィッシュイーターはヒラメやマゴチだけではなく、この釣りではさまざまなゲストがアタックしてくる。ソイ、カサゴなどの根魚であれば大歓迎だが、エソ、サメ、エイ、ウミヘビなど招かざる客も頻繁にヒットする。とくにサメやエイは相当な重量で、無理なやりとりをすると竿が折れてしまうことがあるので、掛かっても引き上げようとせず、仕掛けを切ってしまうなどうまく対応したい。

思い立ったら気軽に行ける春のレジャー

潮の干満差の大きな日がチャンス！海岸の宝探しに出かけてみよう

春から初夏にかけて本格的なシーズンを迎える「潮干狩り」。暖かい陽気のもと遠浅の砂浜で行なうので、小さな子どもや初心でも十分楽しめるアウトドア・レジャーだ。家族や仲間と一緒に出かけてみよう。

潮時

一般的には大潮の干潮前後2時間が最適。それ以外に、その地区の潮位表で40センチより潮が引けばアサリは十分掘れる。しかし、潮位表はあくまで計算予測値なので、実際の潮位は変わるということを頭に入れておきたい。

風が沖から強く吹いてくると波の影響で潮は引かず、気圧が低いと潮位は高くなるので条件が悪い。反対に陸からの風で気圧が高い日は思いのほか引き潮が早く、好適な時間は長くなる。そのため、潮干狩りに行く場合は潮位だけでなく風向きと強さ、気圧にも気を配ろう。

ポイント

天然物を採る場合、アサリの多い場所を見つけられると効率的に採れる。おもしろいことに人は砂浜の入り口に近いところ、潮が遠くまで引く沖合、掘りやすい波打ち際に集まる傾向があるが、あまり周囲の人はあてにしないで自分の目と感覚でポイントを絞るのがいい。

なんとなく沖の深いところで大きなアサリがたくさん採れそうな気になるが、実際は潮がいち早く引く波打ち際のほうが数は多い。大きさと密度を見ながら以下の点を頭に入れてポイントを探してみよう。

【アサリの目を見つける】

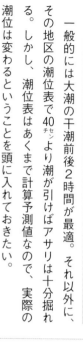

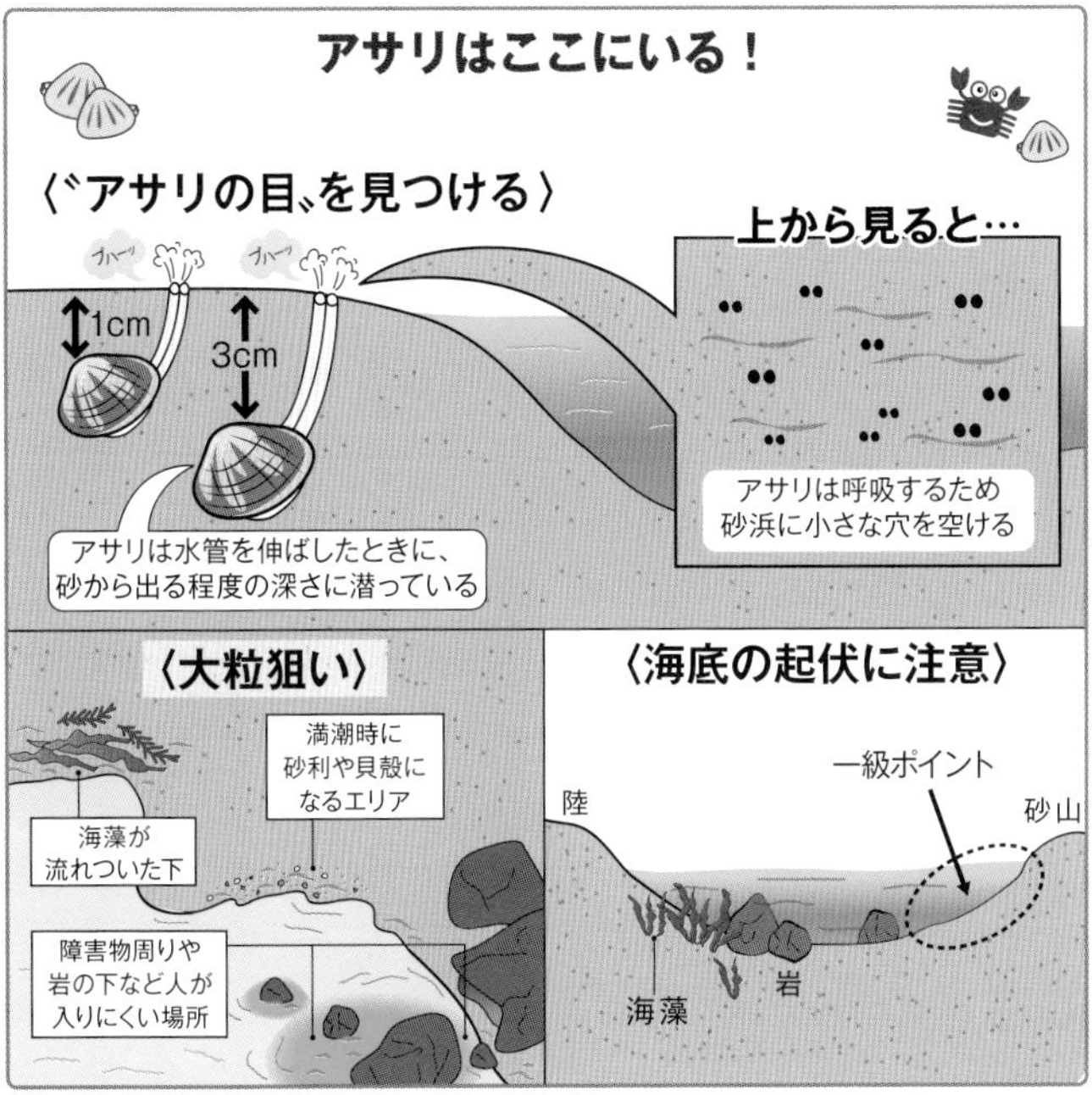
アサリはここにいる！
〈〝アサリの目〟を見つける〉
プハーッ
プハーッ
1cm
3cm
アサリは水管を伸ばしたときに、
砂から出る程度の深さに潜っている
上から見ると…
アサリは呼吸するため
砂浜に小さな穴を空ける
〈大粒狙い〉
満潮時に
砂利や貝殻に
なるエリア
海藻が
流れついた下
障害物周りや
岩の下など人が
入りにくい場所
〈海底の起伏に注意〉
一級ポイント
陸
砂山
海藻
岩

アサリの目とは、砂に隠れたアサリが水管を伸ばして海水を吸い込み、エサの有機物やプランクトンをこし取り吐き出したときにできる小さい穴のこと。３ミリくらいまでの小さい穴がふたつぴたりと並んでいる。

アサリの密集しているところでは砂の目が細かく、条件のいいところでは無数の穴が開いている。見つけたらすぐに掘り出して調査する。

アサリは通常、水管を伸ばしたときに砂から出る程度の深さに潜っているので、小さい貝なら１センチ、大きな貝でも３センチ掘ればいい。それ以上の深さにいる貝は死んでいることが多い。表面だけ掘ればいるかどうかわかる。

【海底の起伏に注意】

砂浜の底は海流や波の影響により、岩があったり、海藻が生い茂るところもある。なかでもアサリが一番溜まりやすいのが沖にできる砂山の斜面。一級ポイントは岸から見てカケアガリになるところで、波の影響が少なくてエサのプランクトンや有機物が流れて漂う淀み。

淀みはアサリが密集しているので、手付かずの場所なら大型がザクザク採れる。人が入ると大型は少なくなり、しまいには稚貝だけになってしまうことも。キープサイズがある程度交じるなら、我慢して選別しながらその周辺をくまなく掘るのが堅実な採り方になる。

人間ひとりが漏れなく掘れるのはせいぜい半径１メートル。濃い場所なら少しズレただけで居残りアサリが採れる可能性は上がるので、こまかく動いて周囲を探るといいだろう。

持ち帰り方

一生懸命掘った大切なアサリは、弱らせずに持ち帰りたい。海水に浸けて持ち帰る人が多いが、海水の温度が上がると急激に弱ってしまうので、海水は別に持ち帰ったほうがいい。気温が25度以下なら一日位空気中に置いていても生きている。春の陽気でも日光が入らず、ほぼ密閉できるクーラーにそのまま入れて持ち帰れば6時間くらいは大丈夫だろう。気温が30度を超えるようなときは、水を入れ凍らせたペットボトルを新聞紙でくるみ、内気が25度以下になるようにしよう。

【洗浄と砂抜き】

家に帰ったらまずは殻が割れたアサリや中身のない殻だけのアサリを取り除く。前者はすぐに死んで水質悪化を招き、ほかの貝を弱らせてしまう。もったいないがすぐ捨てよう。後者はひとつかみザルに入れて揺すり、殻をぶつけるとカラカラと乾いた音がする。その犯人を見付けると選別漏れはなくなる。

水洗いはシャワーを強く当てながら貝の入った網を揉むと殻と殻がこすれて砂やアサリ自体が出すヌルが取れてきれいになる。

砂抜きはアサリが完全に浸かってさらに3㌢以上多く海水を入れて暗くしておけば4時間ほどで抜ける。このときできるだけ平面に並べて上の貝が吐いた砂を下の貝が吸い込むことを防止するため、重ならないようにするのが重要。

【塩抜き】

砂が抜けても海水に浸けておいたアサリは塩水を殻の中に蓄えている。そのまま洗ってすぐ調理すると塩辛くなってしまうので塩抜きをしよう。ボウルに入れて常温で最低2時間、できれば半日ほど空気中にさらしておくと塩が抜けて美味しく食べられる。

夏場はスーパーで売られているアサリの要領で発泡トレイに並べてラップをかけ、冷蔵庫で塩抜きするのもいいだろう。

持ち物チェックリスト

- □ クマデ　□ バケツ　□ 長靴
- □ 帽子、サングラス、タオル、日焼け止め
- □ 採ったアサリを入れる網

- □ 海水入れ（ペットボトルや水タンク）
- □ ザルや穴あきトレイ（小型などの選別用）
- □ クーラー（家族4人なら10ℓ程度）
- □ 手袋（ケガ防止にあるといい）

第3章

陸っぱり 魚種別釣法

冬の投げ釣りターゲットの代表格

アワセを入れたときの重量感とググン頭を振る引きの手応えがたまらない

真冬でも狙える数少ないターゲットとのひとつとして、投げ釣り師に人気のアイナメ。晩秋から初冬にかけて乗っ込みに入ると、だいたい春先まで狙うことができ、場所によっては5月上旬まで楽しめる。

タックル

【竿・リール・ライン】

竿はオモリ負荷30号以上で4メートル前後の投げ竿、投げ専用スピニングリール、それにミチイトPE3〜4号、またはナイロン5号を150メートル以上巻いておくといいだろう。

【仕掛け】

仕掛けは大きく分けて「吹き流し」と「胴突き」の2種類。吹き流しは一般的な仕掛けで、市販されているタイプを使い、カレイ狙いと兼用が多い。遠投にも対応でき、自然にエサを漂わせることができるので、比較的根掛かりの少ないポイントならば遊動式テンビン、または浮き上がりの速いジェットテンビンをセットして使用するといいだろう。

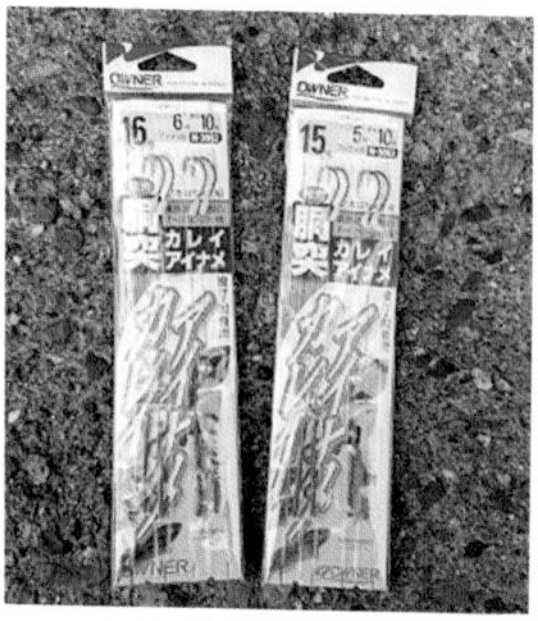

胴突カレイアイナメ

胴突き仕掛けは、最下部にオモリをぶら下げることによって、堤防での足元狙いや、沈み根の多いポイントでの根掛かり回避に向いている。仕掛けとオモリの間にステイトを入れてハリが底から浮く状態をつくるので、仕掛け（あるいはそれにかかった魚）を回収する確率がアップする一方で、遠投には不適。こちらも市販仕掛けがあるので、釣行時にはバッグに忍ばせておこう。

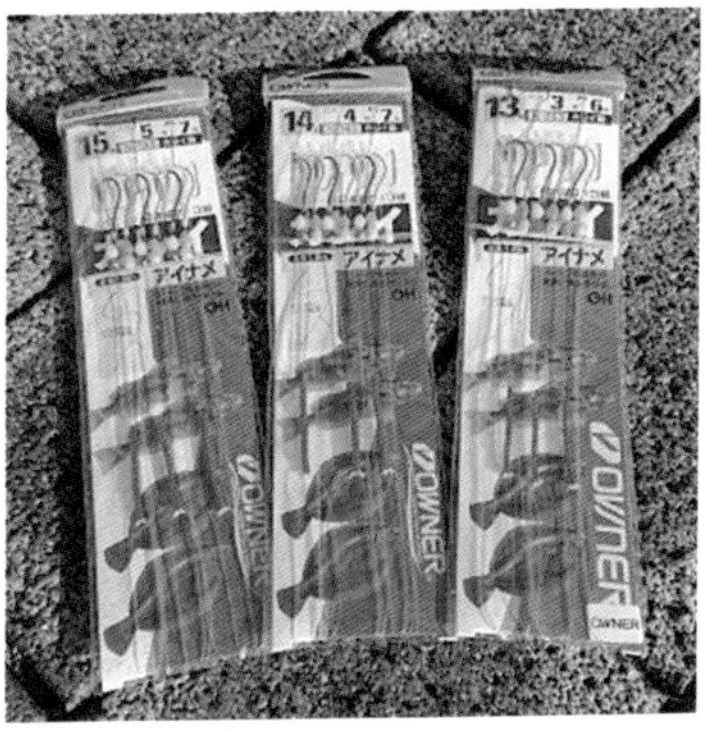

投釣カレイアイナメ

【エサ】

投げ釣りの場合、匂いの強いイワイソメや動きのいいアオイソメを使うことが多い。イワイソメはなるべく大きいものを購入し、硬い頭の部分をハサミでカットしてそこからハリを刺し、チモトより2～3㌢上までたくし上げてハリ先を出し、なるべくまっすぐになるように付ける。アオイソメは口からハリを差し、2～5匹房掛けにするとアピール度が高くなる。近投で狙えるポイントならば、スナモグリやアナジャコで狙うのも効果的だ。

釣り方

【仕掛け投入のコツ】

仕掛けを投入するときは、基本的に狙うポイントの潮上から投入し、潮の流れにまかせて流し、仕掛けが止まったシモリ際などでアタリを待つ。

潮流が速いポイントでは、なるべく大きい潮回りを避けて、小潮や中潮でも干満の差があまり大きくないときを選んだほうが釣りやすいだろう。そして満潮、干潮前後の潮が緩んだときがチャンスで、できるだけ遠いポイントを狙うと思わぬ好釣果に恵まれることがある。

逆に流れが強くなって仕掛けが次々に流されて横を向くようなときは、足元の消波ブロック際や、スリットがある場合はそのあたりを狙ってみるのが得策だ。

【アワセ&やりとり】

アタリは派手に出ることが多いが、ドラグを緩めすぎるとアワせるタイミングが遅れ、根に潜られることも多いので、ドラグはきつめにセットして、三脚のアームの端に鈴を付けるなどして初期行動が遅れないように対応する。

そしていざアタリが出たら、すばやくドラグを締めて大きくアワセを入れ、すかさずリールを巻いて魚を浮かせる。

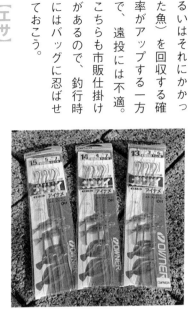

第3章
陸っぱり魚種別釣法
アオリイカ

食味と釣趣で人気の「イカの王様」陸っぱりから釣りやすいのは春と秋数釣りを狙うなら秋エギングがオススメ

食味と釣趣で人気のアオリイカ。エギを使用するスタイルはルアー釣りファンにも大人気。シャクって誘い、ズシッとくる感覚は病みつきになること必至だ。

タックル

【竿・リール・ライン】

一般的なエギングロッドに2500～3000番の浅溝タイプのスピニングリール、ラインはPE0・6～0・8号、リーダーはフロロカーボンラインの2号前後。

【エギのサイズ】

シーズン初期のイカは食欲旺盛で、エギの号数は2～2・5号を選択したい。速い動きのエギをしつこく追ってくるが、その反面で臆病な面も。エギのサイズが大きいと寄ってはくるが、抱かないケースが多々あるので、イカよりも小さいサイズを使ってストレスなく抱かせてあげよう。また、堤防など釣り人の入れ替わりが激しく、ハイプレッシャーになったポイントでも有効と言えるだろう。

【エギのカラー】

基本的に海水の色に合わせてチョイスすることが多い。濁っているときはオレンジやピンクなど、派手なカラーを選択。澄んでいるときは、ブルーやグリーン系のものを使うようにすることが多い。海中のイカを見ながら釣るのであれば、派手カラーのオレンジやピンクで十分。これは釣り人側から見やすいという観点からだ。その日の潮や天候によって、イカが足元まで寄ってこないこともあるので、カラーは各色用意し、状況に合わせて対応したい。

釣り方

【一連の流れ】

ポイントが決まったらエギをキャスト。着水したらリールのベールをフリーのまま、ロッドの先端をキャスト方向の水面45度ぐらいに向けて下げ、フリーフォールでエギを沈める。

エギが底付近まで沈んだらアクション開始。シャクリを入れて、周囲のイカたちにアピールしよう。シャクリを入れたあとは、テンションフォールでふたたびエギを底まで沈めるが、イカはこのフォール中にしか追ってこない。シャクったあとはラインに集中しよう。アタリがなければこのセットを数回繰り返す。

エギが近くまで戻ってきたら、そのままピックアップせずに底付近から一気に連続シャクリで水面付近まで浮上させる。足元に活性の高いイカがいれば、エギを追尾して浮上してくる。

イカがついてこなければ、投げる方向を変えて繰り返し探ってみる。これが一連の流れだ。

【エギの動かし方】

エギングは大きく分けて、海面方向の「縦の誘い」と、エギを左右に動かす「横の誘い」がある。

「縦の誘い」は、ロッドをまっすぐ上にシャクり上げた単発や、2～3回の連続シャクリ、底付近から一気に中層、もしくは海面付近まで上げる巻きジャクリを、状況に応じて使い分けていく。

「横の誘い」は少し難易度がアップ。ロッドを斜め上方向にシャクり、いったんロッドを前に戻して一瞬ラインにたわみを入れてやる。このたわみが大切で、ふたたびシャクリを入れるとエギの頭が最初の向きとは逆方向になり、連続でシャクることにより左右にダートする。少しむずかしいかもしれないが、実践で何度も練習してマスターしよう。

とにかくこの釣りはイメージの釣りなので、海中のエギの動きを頭の中で想像しながら、いろいろなシャクリを試してみよう。

日本人にもっともなじみ深い魚
夏はサビキで数釣り、秋はウキで良型狙い
ソルトルアー初心者の入門にもうってつけ

日本人にとって、もっともなじみ深い魚に挙げられるアジ。簡単にエントリーできる近場の漁港で狙えるので、サビキ釣りなどでは小さな子どもからお年寄りまで多くの人から対象魚として親しまれている。

タックル（サビキ釣り）

【竿・リール・ライン】

竿は自分が扱いやすいものであれば、調子や素材などはまったく気にしなくてOK。2《メートル》前後のルアー用やコンパクトロッドなどから5《メートル》級の磯竿まで、幅広く利用可能だ。リールは小型のもので、ミチイト3号が100《メートル》ほど巻いてあれば問題なく使える。店頭でラインを巻いて売られているリールもあるので、初めての場合はそれを利用してもかまわない。

【仕掛け】

市販のサビキ仕掛けを使う。重要なのはハリの大きさで、初夏の豆アジ釣りに使うならば4、5号がオススメ。疑似バリは、アミエビの色によく似ているピンク色のスキン素材を使ったものを基本とし、白っぽい色をしている魚皮を使ったタイプも釣り場に持っていくとベター。オモリは10号前後が定番となっている。

釣り方（サビキ釣り）

夏場の豆アジは、仕掛けを沈められるだけの深さがあれば十分釣れる。ところが、成長するにつれて警戒心の強くなってきたアジは、浅いポイントに上がってくることは少ない。水深のある場所で狙うときは「底狙い」がセオリーで、底付近を回遊してくるアジをまきエサで足止めして釣るのが理想だ。あまり上のタナからまきエサをまかず、できれば底から50《センチ》以内を目安にまこう。

　また、カゴを海底に着けた状態で、少しテンションを抜いたくらいでアタリが出やすくなることもある。基本的にはあまり動かす必要もなく、底付近にたまったまきエサを拾うように食い出せば、サビキにもかかってくるはずだ。

常連が並ぶ場所を探そう

ある程度水深があったほうがいい

タックル（ウキ釣り）

【竿】

リールを使わないノベ竿のなかでも、渓流竿やハエ竿など細い竿がおもしろい。短すぎると水深がある場所に対処できないので、5《メートル》以上のものを使おう。

【仕掛け】

仕掛けはミチイト1号、ハリス0・6〜0・8号（40《センチ》くらい）で、ウキは明るい場所で釣るならカヤウキやセルウキなどの棒状が見やすい。ハリは小アジ8〜9号、袖バリ10号など、やや細軸タイプが吸い込みもよく、掛かりやすいのでオススメだ。

　常夜灯などがなく、真っ暗な場所で釣るときは電気ウキが必要。できるだけオモリ負荷の軽いタイプ（表記ではBくらい）のほうがアタリが出やすく、食い込みもいい。オモリはウキの浮力に見合ったものを持参しよう。

【エサ】

エサは基本的にふたつに分かれる。ひとつはまきエサ（アミエビ）を用意して少しずつまきながら、サシアミを刺しエサにして釣る方法。もうひとつはアオイソメを刺しエサにして、まきエサをせずにアジのいる場所を探る方法だ。

アミエビを使う場合は、エサバケツにアミエビと少量の集魚材などを入れて（アミエビのみでもOK）、マキエシャクで少しずつまく。サシアミはオキアミよりも小さく、アミエビよりも大きくてちょうど中間サイズ。基本的にはハリに刺せるくらい大型のアミエビと思えばいい。

アオイソメの場合は中サイズのイソメを1匹、チョン掛けにして釣る。まきエサはせずにアジの潜んでいそうな場所を移動しながら探っていく釣りで、いわばウキを使った探り釣りのようなイメージだ。

サシアミ

釣り方（ウキ釣り）

【深めのタナを狙う】

アジは表層から中層に豆サイズ、その下に少し大型、底近くにさらに大型が潜んでいたり、回遊してきたりということが多い。ウキ下を浅く設定してまきエサと合わせると、一瞬でウキが消し込んだり、横走りして小アジが食ってくる。小アジが釣れたら、タナをどんどん深くしていってアジのサイズを確認していこう。まきエサをパラパラとまきながら、水面のアジをかわしてじっくりと深いタナで狙うと、数は少ないながらサイズがアップす

夜の護岸では良型のアジを狙える

る傾向にある。

【アタリとアワセ】

小型のアジがウキを引っ張りまわすのに対して、サイズがよくなるとゆっくりとスーッとウキを引いていくようなアタリに変わる。ウキがフワフワとするときは、ほんの少しテンションを掛けて誘い上げてやるか、もう少しタナを浅くするとウキが入ることが多い。

ウキが水面下に入り込んだら、竿を軽く立てるくらいのアワセを入れる。強いアワセは不要。さらに強引に浮かせにかかると口切れでバラすことが多いので、竿のしなりで魚の引きを抑えながらゆっくりと浮かせる。かなりの大物でない限り、そのまま抜き上げればＯＫだ。

タックル（アジング）

【竿】

釣り方によって分かれる。たとえばジグヘッドとワームで狙う、いわゆる「ジグ単」と言われる釣り方では、1《グラム》前後の軽量ルアーでもストレスなくキャストすることができる6《フィート》半ばの操作性と感度がいいロッドが向いている。遠投したいときなどによく使う中通しオモリを使用する「キャロライナリグ」などでは、10《グラム》程度の重めのリグ（仕掛け）でもしっかりとキャストすることができる7《フィート》前後のものが適している。仕掛けや釣り方によってロッドに求められる性能が変わってくるので、自身がよく行く釣り場などの特徴を踏まえ、それに合ったロッドを釣具店などで相談して決めるといいだろう。

【リール】

アジングロッドは非常に軽量なつくりとなっているので、リールが大きすぎるとロッドとのバランスが崩れてしまう。細かいロッド操作に対

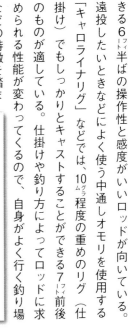

応できるように、リール（スピニング）の番手は1000～2000番の浅溝タイプを選ぼう。

【ライン】

PE、フロロカーボン、ポリエステルの素材別に3つの選択肢があるが、PEは他2種類と比べると直線強度に優れているが、比重が軽いため風などの影響を受けやすく、軽量のリグを扱うアジングにおいてはライントラブルのリスクも高まるので、扱いには慣れが必要となる。

ポリエステルは張りがあり、感度もよいので小さなアタリも取りやすく、アジングに適したラインだ。しかし、瞬間的な衝撃に弱く粘りがないので、ラインブレイクが多発しやすいという欠点があり、PE同様使いこなすには多少の慣れが必要。ビギナーにはフロロカーボン（ライン強度は2～4ポンド程度）がオススメだ。

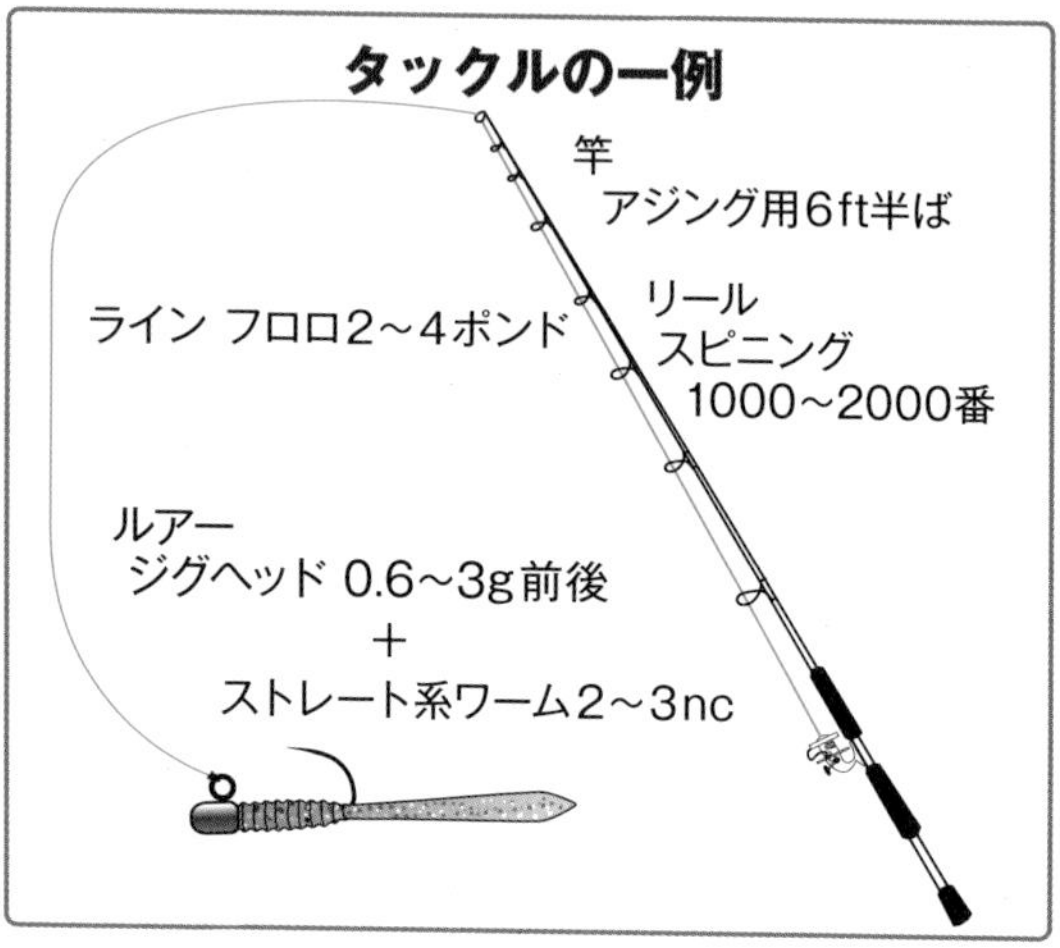

【ジグヘッド】

アジングで使用するおもなリグ（仕掛け）は、ジグヘッドリグ（ジグヘッド単体＝ジグ単）となる。ウエイトは釣り場の水深に合わせて0・6～3グラム前後をチョイス。重いほうが操作性は上がるが、軽いほうが釣果は上がりやすく、釣り場の水深や潮の流れなどで重さを選ぶとよい。

【ワーム】

ワームは2～3インチのストレートタイプのものがいい。長いほうがアピール力もあり、比較的良型がヒットしやすくなるが、小型が多いときやアジの活性が低いときなどは短いほうが食い込みがよくなる。ちなみにカラーは、最初に選ぶとするならクリア系のものが無難。

釣り方（アジング）

ジグヘッドをキャストしたら、任意のタナまで沈め、ロッドを細かくシェイクしながらリールを1～2回転ほど巻き、ラインを張ったままルアーをフォール。アタリはフォール中にくることが多く、コツンと感じたら鋭くアワせる。ロッドをシェイクするのはアクションをつけるだけでなく、軽いジグヘッドリグの存在感を増幅させるためでもある。水中のジグヘッドの状態を把握できるかが、上達のキモだ。

ラインを張ったままのカーブフォールはアタリを取りやすく、リグが漂うようにゆっくりフォールするので違和感なくバイトする。

タナの決め方はフォールのカウントで調整。ナイトゲームでは、表層にもアジがいる可能性がある。表層から探って、反応がなければ徐々に下げていくのが基本。たとえば、最初3秒沈めてからアクションし始め、次のフォールは5秒、7秒、10秒といった感じでボトム（海底）まで探っていく。水面が騒がしく、アジが表層のベイトを捕食しているときは、水面直下のただ巻きでOK。

どのポイントでも言えることだが、アジがいなければ当然釣れないので群れを探すことが非常に重要。そのため、1カ所で粘るのではなく、反応がなければどんどん移動したほうがいい。

オススメのプランは、タマヅメに港口の船道、日が沈みナギの日なら港外の常夜灯、波があったら港内の突堤かスロープ。スロープは浅いので、なるべく潮位の高い時間帯に攻める。その日の潮位によってポイントを回る順番も大事になるので覚えておこう。

夜は思わぬ大型がヒットすることも

第3章
陸っぱり魚種別釣法

アナゴ

釣趣&食味抜群の江戸前釣り物

日没直後2時間がゴールデンタイム 仕掛けを投入したらアタリを待つだけ

アナゴは周年狙える魚だが、盛期は初夏と初冬。初夏は数は出ないがサイズがそろい、初冬はメソといわれる新子サイズの数釣りが楽しめる。

タックル

【竿・リール・ライン】

砂浜ではそこそこ飛距離が稼げるタックルが必要になるが、漁港や港湾部ではチョイ投げや足元の釣りがメイン。竿はポイントに仕掛けを投入できるものであれば何でもOKで、ちょい投げなら小型スピニングリール、足元なら小型両軸リールが使いやすい。いずれも安価な汎用品でも十分だ。ミチイトはナイロンまたはフロロカーボンの3号前後。これを50メートルほど巻いておく。

【仕掛け】

専用品もあるが、基本的にはシンプルな1本バリ仕掛けなので、市販のテンビンの先にハリス付きのハリを結ぶだけで十分。テンビンは好みのものを選べばいいだろう。

オモリの号数は、釣り場の水深や潮の速さによって使い分けたい。浅

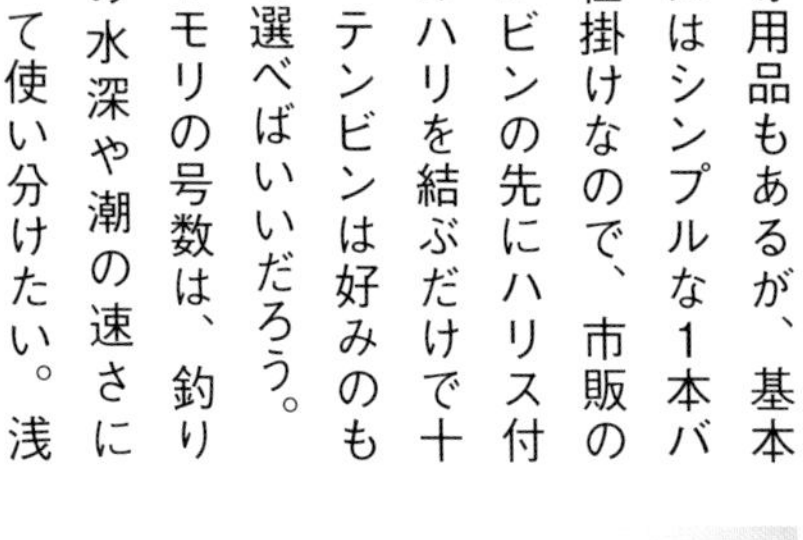

絡みにくいテンビン仕掛けがオススメ

場のちょい投げなら5号程度、深場なら10～15号程度というのが一応の目安となる。

ハリの種類は、エサによって使い分けるのが基本。虫エサを使うなら流線、切り身などの場合はチンタメバル、オールマイティーに使うなら丸セイゴが使いやすい。いずれもサイズは10号前後で、ハリスは2～3号が20～30センチもあればＯＫ。

【エサ】

虫エサはアオイソメがイチ押し。意外に食い逃げの多い魚なので、なるべく細めのものを選ぶ。切り身ならサンマかイカ。スーパーで購入し、幅5ミリ、長さ3センチほどにカットして冷凍しておこう。ただし、サンマは皮をかならず残し、身側はそいで薄くしておくこと。

竿先にケミホタルや鈴を付けるといい

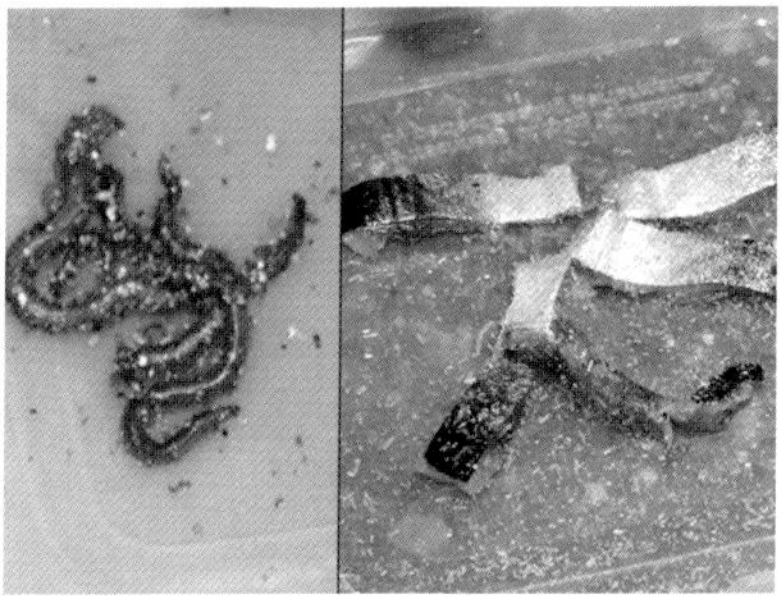
アオイソメやサンマの切り身が手に入りやすい

釣り方

釣り方自体は非常にシンプル。仕掛けを投入してアタリを待つだけだ。エサを底に着けておくことを意識、ときどき竿を30センチほど上げ下げし、誘いを入れてアピールするといい。

アタリがあっても、早アワセは厳禁。アタリが出たら竿を持って、伝わる魚の感触で食い込みを判断する。何本か竿を出して置き竿にしているのなら、アタリが出ても少し放置しておくぐらいでかまわない。

首尾よくハリ掛かりしたら、ためらわず一気に巻き上げる。とくに直下で堤防際などを狙っていると、カキ殻にイトが擦れることがある。モタモタしていると切れてしまうので、竿を少し沖に突き出して巻き上げよう。

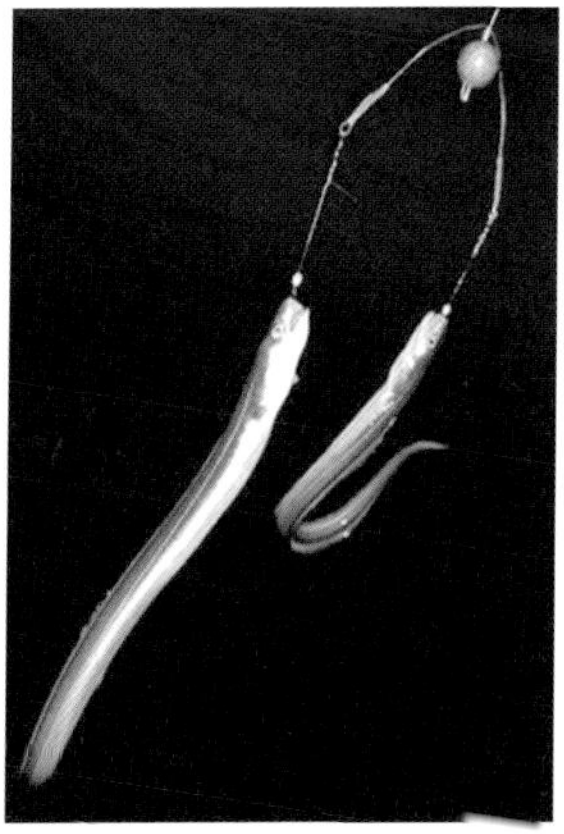
両テンビンでダブル

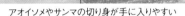

簡単に釣れて、食べて美味しい高級魚
晩秋から初冬にかけて堤防付近の浅場に接岸 数&型ともに夜釣りがオススメ

晩秋から初冬は、産卵を控えてカサゴがどんどん堤防周りの浅場に接岸する時期。手軽に釣るなら、この時期を逃す手はない。そして、良型と出会うために近道なのが夜釣りだ。

タックル

【竿・リール・ライン】

竿とリールは極端に言えば何でもOK。スピニングでもベイトでも、ナイロン3号程度を巻いておくといい。感度のいいPEでもかまわないが、あまり堤防際ギリギリを攻めると貝殻などに擦れて切れてしまうので注意が必要だ。ちなみに、竿は使用するオモリが扱える程度のやや軟らかめのほうが食い込みがいい。

【仕掛け】

市販の胴突き2、3本バリを使用。ミキイト2～3号、ハリス1・5～2号で、ハリは丸セイゴや伊勢尼の8～10号が目安だ。自作するならタナを探れるよう、ややエダス間隔を開けてやるといい。ハリスの長さは15チセン前後。

【エサ】

サンマの切り身

エサの付け方

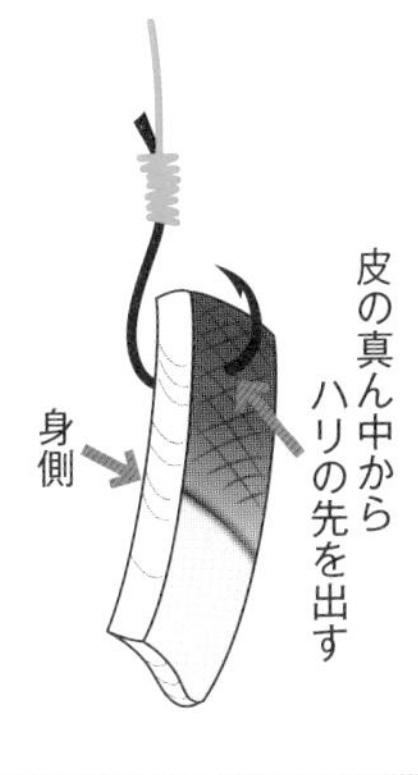

エサは、そのときによってかなり好みがかわるので、できれば切り身エサと虫エサの両方を持参しておきたい。切り身はサバかサンマがベストで、幅7、8ミリ、長さ3センチほどの短冊にする。虫エサはアオイソメで十分。エサ店で注文できる場合はできるだけ太いものがいい。

エサの刺し方は、ともにチョン掛け。短冊に切った身エサは、身の端にハリを刺して、水中で回転しないようにしたい。虫エサはやや大きめに付けるのがコツで、ほとんどの場合は1匹掛け。

釣り方

明るいうちに釣り場に着いたら、まずは仕掛けとエサをセットして堤防際に投入。日が暮れるまでは待ちの釣りのつもりで竿を2、3本並べてアタリを待つといい。どの竿でもいいのでアタリが出れば、時合いの到来を確認できるからだ。

時合いがくれば、頻繁にアタるので、1本の竿で探るほうが確実に釣れて数を伸ばせる。アタリが出始めたとき、確実に掛けるには、ユラユラと前アタリが出たら竿を手持ちにし、引っ張るようなら少し送り込んでやる。すると、クククッと引き込むのでそこでアワせよう。

夜は大型が釣れる

日が暮れて食い出すと、底に潜むはずのカサゴが壁際に沿って徐々に浮いてくることがよくある。アタリがなければ順にタナを上げて探ってみよう。浮いてくるカサゴは、エサを見つけるとすばやく捕食行動に入るので、タナが合えばすぐにアタリが出るはずだ。小さな前アタリが出たらゆっくりと誘い上げ、一気に食い込ませよう。誘い上げで掛からなければ、誘い下げていくと掛かることもある。

※東京湾など一部地域では冬の産卵期は禁漁となるので注意

第3章
陸っぱり魚種別釣法
カマス

小魚をエサにする獰猛なフィッシュイーター

ルアーをキャストしたら少し沈めてただ巻きするだけ。ルアー入門に最適

細長いシルエットと鋭い歯が特徴のカマスは、漁港や堤防で手軽に狙うことができるターゲットとして人気が高い。ほかの魚を積極的に襲って捕食する獰猛なフィッシュイーターで、ルアーにも好反応をみせ果敢にアタックしてくる。これからルアーフィッシングを始めようと考えている初心者にもオススメだ。

タックル

【竿・リール・ライン】

アジングタックルやメバリングタックルがそのまま流用できるが、竿は5～6《フィート》のアジングロッドのほうが操作性を考えるといいだろう。リールはスピニングの2000番クラス。細いラインでも下巻きが不要な浅溝スプールが便利だ。ラインはフロロカーボンかエステルの1～2《ポンド》（0・3～0・5号）が基準。エステルを使用する場合は、リーダーとしてフロロカーボンライン0・6～0・8号を30～60《センチ》ほど結ぶ。

【ルアー】

効果的なルアーはメタルジグ、バイブレーション、ミノー、ジグヘッド

バイブレーション

遠投性がいいメタルジグ

＋ワームの４つ。

メタルジグは遠投性能に優れており、表層から底付近まで幅広いタナを狙えることが特徴で、カマスが沖の深い場所にいることが多い昼間に効果を発揮する。タックルとの相性を考えると、３～７グラムのマイクロジグが扱いやすい。

バイブレーションは、ただ巻きするだけでルアーがブルブルと動き、高いアピール力が特徴。表層から底付近まで幅広く使えるほか、一定のタナをキープしやすいのでタナを狙い撃ちすることができる。

ミノーは、朝夕マヅメの時間帯や高活性のときに表層をじっくり誘うことができる。また、フックが２つ付いていることが多く、バラしにくいことも特徴だ。表層付近をゆっくりただ巻きするだけでＯＫだが、たまに軽くチョンチョンとロッドアクションを入れることでバイトを誘発できる。

ミノーとシンキングペンシル

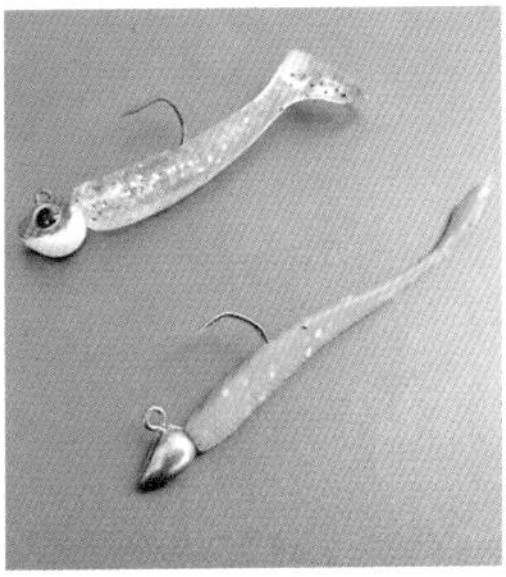

ワームとジグヘッド

ジグヘッド＋ワームは、ジグヘッドの重さやワームの種類をカマスの活性に合わせてすばやく変更できるところがメリット。ピンテールと呼ばれるワームでナチュラルに誘ったり、シャッドテールと呼ばれる尻尾が付いたワームでアピールしたり、幅広い使い方ができる。

釣り方

日中は底付近が探りやすいメタルジグやジグヘッド＋ワームが有利だが、暗い時間帯であれば表層から中層に浮いてくるので、小型ミノーでも十分に狙える。表層から中層で小型の数釣りを楽しみ、底付近でジャンボサイズを狙ってみるのもおもしろい。

激しいアクションはスレやすくなるので「ただ巻き」が基本。食いが悪いときは、ただ巻きの途中にほんの少しストップを入れるだけでも反応がガラリと変わる。リフト＆フォールなども効果的だ。

意識したいのは、ルアーを早く動かしすぎないこと。ルアーを激しく動かすことで、勢いよくアタックしてくるが、その際にカマスの鋭い歯が勢い余ってラインに当たり、ラインブレイクしてしまうことがあるので注意したい。

シロギスと並ぶ投げ釣りの人気ターゲット
冬の足音が聞こえてくると本格シーズン突入 取り込み時の締め込みと重量感が醍醐味

カレイは水温の高い夏は水深のある深場の海底で過ごし、水温が下がってくる10月ごろになると、産卵に備えてエサの豊富な浅場に接岸。秋が深まって冬の足音が聞こえてくると手堅く釣果が得られるようになり、桜の花が散るまでの約半年間がシーズンとなる。

タックル

【竿・リール・ライン】

竿は3・6～4・2メートルのオモリ負荷30号前後の投げ釣り専用で、並継ぎよりも振り出しのほうがセッティングや収納においても使いやすく便利だ。リールは中、大型のスピニングリールで、ナイロン4号を150メートルぐらい巻ければ十分。重いオモリを使用してキャストしたときにラインが切れないように、かならずミチイトの先にはチカライト（12～5号のテーパーライン）を結ぶ。

【仕掛け】

ミチイトと仕掛けはスナップサルカンで接続し、ミキイト7号、ハリス4号で、ハリはカレイ12号の2本バリが基本。これなら30センチオーバーの大型でも十分取り込むことができる。

最近はエサがカレイの目につくように、仕掛けの絡み止

初心者には市販の仕掛けが便利

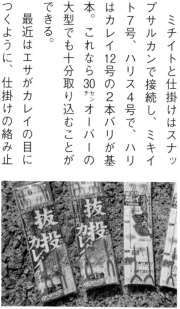

めパイプに光りものを付けたものが主流。また、ハリの色やアクセサリーの有無で食いが変わるケースもあり、ハリのチモトに発光玉やビーズ玉にエッグボールなどを入れたカラフルなカレイ仕掛けもたくさん発売されている。

イワイソメ（上）とアオイソメ（下）

【エサ】

匂いで誘うマムシ（ホンムシ・イワイソメ）と、動きで誘うアオイソメがツートップ。

マムシは頭をカットし、ハリを刺してチモトから2～3チ《セン》までたくし上げて、なるべくまっすぐにしてハリ先を出し、タラシは短めに。アオイソメは口から刺して2～5匹房掛けにする。先バリにアオイソメ、エダバリにマムシというパターンも有効だ。

釣り方

カレイは、目の前にエサがあっても潮の加減で時合いにならないと食いつかない。アタリがないからといってむやみに場所を変えるのではなく、じっくり腰を据えて時合いを待つことが好釣果につながる。

釣り座を決めたら、なるべく同じ組み合わせのタックルをできれば3～4セット準備して、遠・中・近と投げ分けて海底に変化のある場所で仕掛けを止めてアタリを待つ。アタリは、たまに竿尻を浮かすように大きく出ることもあるが、ほとんど竿先に「コクン」と出て、しばらくしてまた竿先を揺らすか、イトフケが出る。食い逃げをする魚ではないので、アタリがあってもしばらく様子を見てからイトフケを取り、ゆっくりと竿を上げて重みを感じたら大きくアワせてフッキングさせよう。

テンションを掛けたままリールを巻いて引き寄せると、良型ほどグググッと底に潜ろうとして締め込んでくる。30チ《セン》を超える大型になると、底をはうように寄ってくるので、最後は足元から垂直方向に巻き上げる形になるが、このときの締め込みと重量感がカレイ釣りの醍醐味だ。

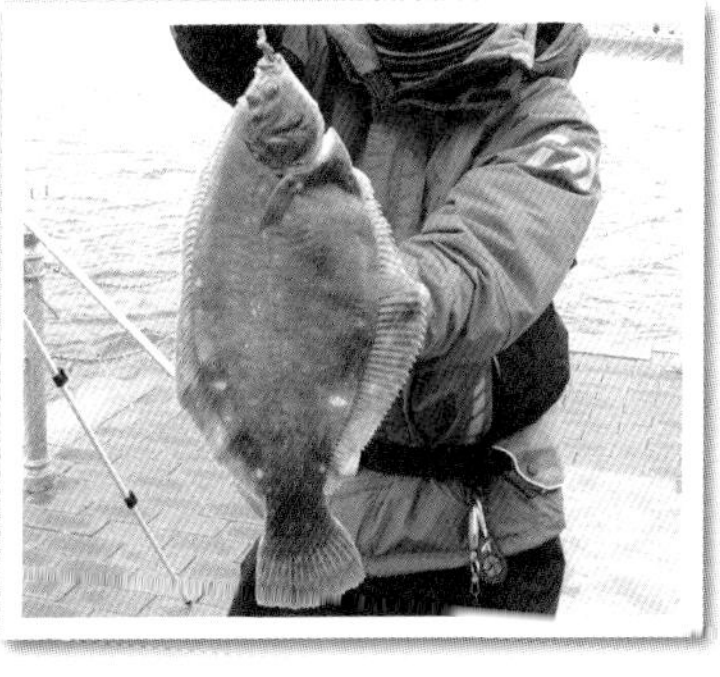

第3章
陸っぱり魚種別釣法

クロダイ

堤防や堤防で手軽に狙える大物代表

年間を通してさまざまな釣法で釣り人を魅了 堤防のフカセ釣りは寒い冬季が一番ホット

近くの漁港や堤防で手軽に狙える大物の代表といえば、何といってもクロダイ（チヌ）。水深や水温などにも左右されず、その場に居着く確率が高いので、気軽に出かけて釣果が得られる人気のターゲットだ。

タックル

【竿・リール・ライン】

フカセ釣りでは、磯竿の5《メートル》前後が扱いやすく、0〜1号クラスのものが多くの支持を受けている。リールはレバーブレーキ付きスピニングリールの2500番程度で、ミチイトはナイロン1・5〜2号を100《メートル》ほど巻けるものが一般的だ。

【仕掛け】

海底付近を狙うためミチイトにウキ止めを付け、オモリ負荷5B〜1号くらいの棒ウキまたは円錐ウキに、ウキ負荷と同等のオモリを用いた遊動仕掛けを使う。ハリスはフロロ1・5〜2号を2《メートル》前後。ハリはチヌ2〜4号が標準。便利な堤防用のチヌ釣り仕掛け一式がセットになったものもあるので、そちらを使ってもいいだろう。

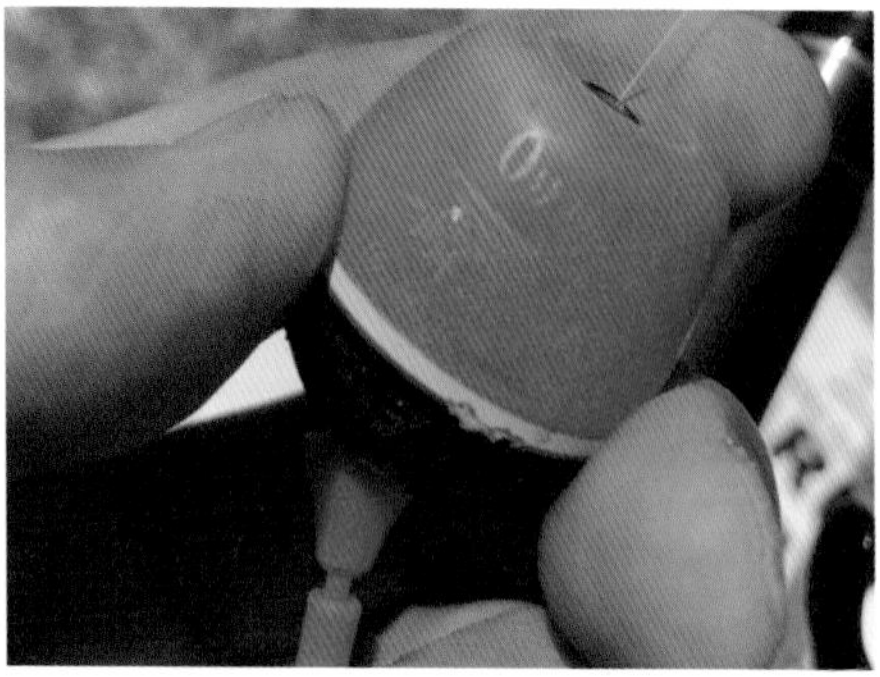

ウキは円錐でも棒ウキでもOK

【エサ】

まきエサは、半日ならオキアミ3キロにクロダイ用の配合剤を2袋ほど入れ、適量の海水とよく混ぜ合わせたものを使う。エサは、加工オキアミ、練りエサやコーンを用意。ほかに、生サナギなどいろいろな種類があるので試してみるといいだろう。

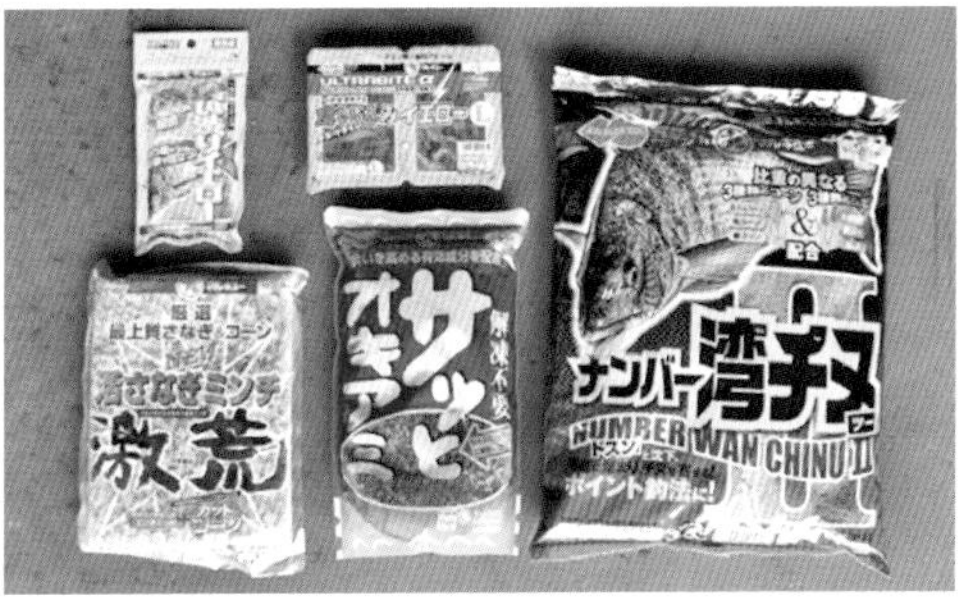

フカセ釣りで使うエサの一例

釣り方

【まきエサと刺しエサの同調】

タナを決めて釣る場合、仕掛けの投入場所は刺しエサをつねにまきエサの中にステイさせることを考えて、潮上から投入すること。潮が速いときは同調時間も短くなるのでダラダラと流さず、手返しを早くして攻めることをオススメする。とにかく確実にまきエサの中に刺しエサがあることが重要だ。

【アタリとアワセ方】

ウキに出るアタリは一気に消し込むもの、モゾモゾとし てからゆっくり沈むもの、あるいはモゾモゾだけなどさまざま。ウキ下が深すぎると仕掛けを回収しようとしたら突然引き込むこともある。ウキに何かしら違和感が出たらミチイトを張りぎみに少し刺しエサを動かし、ハリに掛かったら軽くアワせてしっかりフッキングさせよう。むやみにリールは巻かずにゆっくり竿の弾力で魚の動きに合わせて、海面と竿との角度を45度以上にすることを意識して浮かしにかかるとバラしにくい。

強い引きを楽しもう

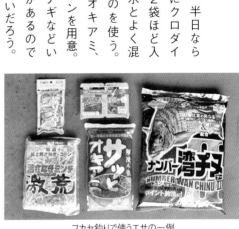

サヨリ

低水温期に堤防から狙ってみたい回遊魚
仕掛けは水面付近を狙う3タイプ 手返しは圧倒的に2段ウキ！

日中、手軽に狙えて食味もよく、天ぷら、刺し身、塩焼き、干物など多彩な料理を楽しめるサヨリ。釣れる場所と時期を明確に当てるのがむずかしいターゲットだが、魚体が大きくなるにつれて胴は丸くなり、食べ応えも抜群になる。

サヨリはほかの魚とは少しかわった釣り方をするが、基本的にはウキ釣りなので、それに対応できる竿とリールであれば何でもOK。ただ、狙うタナが水面付近になるため、ここでは大きく分けて3タイプの仕掛けについて解説する。

タックル

【カゴ付きの連玉ウキ】

もっともポピュラーなタイプ。連玉と呼ばれるように発泡性の玉ウキが4〜5個並んだ仕掛け。一番先頭にプラスチックのカゴが付いていて、カゴを含め全体が水面に浮くようになっている。カゴにはゴム製のスーパーボールなどが付いていることが多いが、これは

ノベ竿の連玉ウキで狙う

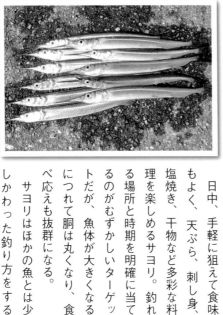

スーパーボールの重さで遠投が効くように設計されているためだ。玉ウキは全長50チセンほどの仕掛けイトの中に4～5個が通してあり、水面では引っ張ると一列に並ぶ。ウキの並びの先頭がマキエカゴで、ここからポロポロと出るアミエビなどのまきエサに後方からサヨリが寄ってくると、連玉ウキの先にあるエサに食いつくという寸法だ。

【カゴなしの連玉ウキ】

前出の仕掛けからカゴを取ったタイプで、連玉ウキの先頭がスーパーボールになっていると思えばいい。マキエカゴが付いていないので当然、まきエサは別に上からまく必要がある。ポイントが近ければ、スーパーボールがなくてもいい。長めのノベ竿で足元を狙うなら、この仕掛けが軽量でアタリも取りやすくてオススメだ。

【2段ウキ仕掛け】

基本的にはメジナ釣り用の中通しウキと小さなカヤウキ、セルウキ、発泡ウキなどを組み合わせて釣るが、投入は中通しウキの重さを利用する。3つの仕掛けのなかではもっともシンプルで、比較的ポイントが近い場合に最適。磯のフカセ釣りに慣れた人ならスムーズに数釣りが楽しめるだろう。

2段ウキを使う場面は大小2つのウキを使用

まきエサはヌカとアミエビ少々

釣り方

いずれの仕掛けを使うにしても、確実に釣るコツは仕掛けをしっかりと張ってアタリを出させることと、やや強めにアワせることだ。ハリスが張られていないと、ウキに反応がないまま刺しエサだけをかすめとられることが多くなるので要注意。掛かりどころはなかなか操作できないが、少しでもハリが刺さるように強めのアワセをしっかり入れよう。サヨリは口が硬いので、つねにハリ先のチェックをしっかりとしておくのも忘れずに。

都市近郊の河川や運河で狙える貴重なターゲット

流れに変化のある場所で居着きの個体を狙えば、ちょい投げでもキャッチできる！

シーバス釣りというとルアー専門のように思えるかもしれないが、実は市販のチョイ投げ竿でも十分狙うことができる。とくに12月から6月にかけて続くバチ抜けシーズン（海中のイソメ類を偏食する時期）は、ファミリー用に買ったタックルでフッコ（50《センチ》クラス）が簡単にキャッチでき、運がよければスズキ（80《センチ》クラス）も夢ではない。

タックル

【竿・リール・ライン】

フッコクラスを狙うならば、竿はパックロッドでOK。市販の長さ1・8《メートル》前後、リールも付属のものでよく、ミチイト3号が巻いてあれば問題なく使える。

【仕掛け】

中通しぶっ込み仕掛けが基本。市販のセイゴ仕掛けで、ミキイト3号、ハリスは最低2号以上のものを選ぶ。オモリは7号前後、中通しタイプで、アタリをダイレクトに取ることができる仕掛けを選ぶと釣果アップにつながるだろう。

市販の中通し仕掛け

【エサ】

産卵後のシーバスは空腹になっているうえ、とくに冬から春先にかけてはイワシやハゼなどエサの小魚が少ないので、アオイソメがオススメ。夏場にイソメをエサにすると、ハゼなどの小魚についばまれてしまうことが多いが、水温の低いシーズンはエサ持ちがよく、ハリにたくさん房がけにすると、匂いで誘うことができる。

【鈴は必需品】

仕掛けをポイントに投げ込んだら、イトフケを取ってアタリが出るのをじっくり待つ釣りになるため、竿先のガイドに挟むタイプの鈴があると、アタリを逃さずに対応できて便利。

釣り方

【流れに変化のある場所を狙う】

シーバスは潮通しがよく、潮がぶつかるところにいる。橋の下や橋脚の周りの流れのヨレ、船着き場周りなど、何かしら流れに変化のある場所を丹念に探ってみよう。また、海底が掘り下げられている船の航路や、ブレイクラインと呼ばれるカケアガリ（斜面）も有力なポイントだ。

【ゼロテンションで待つ】

狙ったポイントに仕掛けを投げ込んでオモリが着底したらイトフケを取り、イトを張るか張らないかくらいになるようにリールを巻いて調整（ゼロテンション）。うまく調整できたら、竿先に鈴を付けて待つ。ときどきリールを1回転くらい巻いて、仕掛けを少しずつ手前に戻すように探ってみよう。

アタリは、鈴がリンリン！と、鳴るのですぐにわかる。アタリがきたら思い切り竿をあおってアワせる。

【取り込みは弱らせてから】

魚が掛かったら強引にリールを巻かないで、最初は走らせて弱らせるくらいの余裕を持って対応する。ただし、イトが緩むとハリが外れたり、魚がジャンプしてイトを切る（エラ洗い）ことがあるので気を抜かないように。

魚が弱って手前に来たら、ランディングネットですくうか、持参していないときはミチイトをつかんでから慎重にたぐり寄せる。その際、エラを触れないように注意。エラはナイフのように鋭いのでケガの原因になる。

橋の周りも要チェック

梅雨明けから秋口にかけてが最盛期
釣れるサイズでハリの大きさを使い分けるのが釣果アップのコツ

潮風を思いっきり浴びながら楽しむサーフのシロギス釣りは、梅雨明けから秋口にかけてが最盛期。焼いてよし、揚げてよし、生食でもよし。三拍子そろった同魚をみずから釣って調理して食する至福のひとときを味わおう。

タックル

【竿】

専用竿は振り出しタイプと並継ぎタイプがある。振り出しは、持ち運びに便利でコンパクトに収納できるが、継ぎ数が5本くらいあるので反発力が弱く、竿自体が重くなるため、遠投性の面では後者よりも劣る。並継ぎは基本的に3本でできており、継ぎ数が少ないと反発力が強く、遠くへ仕掛けを運ぶのに適している。サーフで使用する竿は、仕掛けを遠くへ運べるよう、並継ぎがいい。

長さは男性なら4メートル前後、女性なら極力3・6～4・05メートル、子どもの場合は2・4～3・3メートル、または少し長めのルアーロッドがいいだろう。ただし、男女問わず自分の体力に合わせてなるべく軽いものを使用することをオススメする。

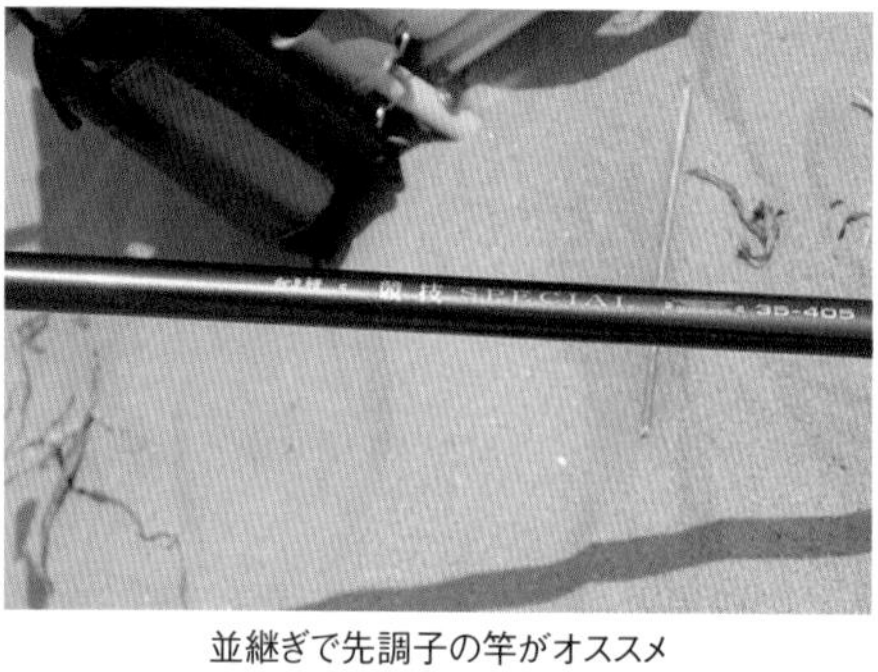

並継ぎで先調子の竿がオススメ

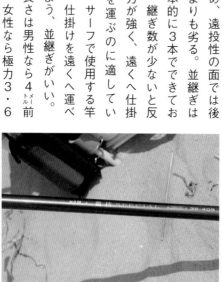

【リール・ライン】

かならず専用のものを使用しよう。サーフ以外のリールを使うと、ミチイトの放出時にイトがスプールエッジに擦れ、摩擦で飛距離が落ちてしまうからだ。

軽量な専用モデルが好適

ミチイトは、現在の主流はPE。強度が極めて強く、柔らかく、水より軽い。少しでも遠くへ仕掛けを運ぶには空気抵抗が少ない細イトが有利。ただし強度は落ちるので、同じ素材のチカライト（テーパーライン）をつないで使う。海底が砂地なら0・5〜0・6号、少しシモリや海藻があるところでは0・8〜1号がいいだろう。

【オモリ・テンビン】

オモリとテンビンが別々（半遊動）や一体型（固定型）などがある。前者はアタリを鮮明にとらえやすいが、多少飛距離が短くなる。一方、後者はL字型のテンビンが多く、飛距離は出るが、ややアタリを感じにくい。

オモリの号数は、竿によって標準負荷が決まっている。標準よりも少し軽いオモリを使用しよう。基本的には、竿に記載されている標準負荷よりも1〜2ランク軽いオモリ、たとえば25号負荷なら20号や23号が扱いやすい。

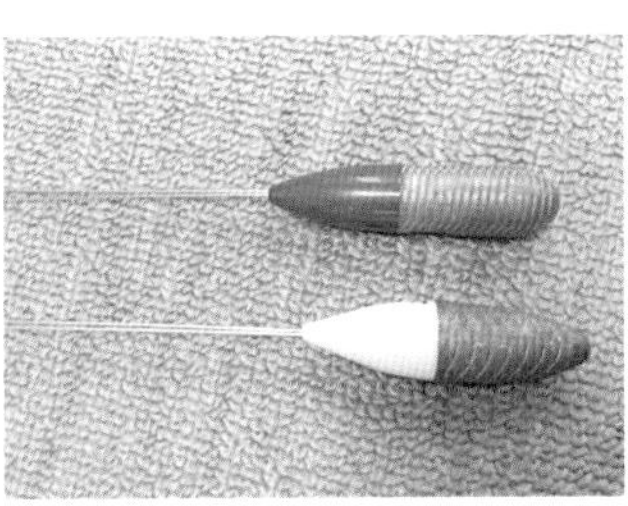

固定式テンビン

【仕掛け】

何と言っても釣果を左右するのは仕掛け。既製品は多く売られているが、ハリを結ぶことができる人は自分で工夫してつくるのも楽しい。ハリは、小型が多いときは4〜5号、中型なら5〜6号、大型であれば7号以上といった具合。釣れるキスの大きさで使い分けるのも釣果アップのコツだ。

手軽な市販仕掛け

【エサ】

ジャリメ、アオイソメ、東京スナメなどが一般的。ジャリメがもっとも多く使われ、小型からレギュラーサイズを狙うのに適し、アオイソメは中～大型までのエサとして使える。東京スナメは特効薬的な効果はあるが、高価で入手しづらいというデメリットがある。

気をつけたいのは、エサの大きさ（太さと長さ）。太いエサは吸い込めないため、アタリは出るがハリ掛かりしないことが多い。また、長く付けると魚は吸い込めず、ハリ掛かりしないので短いエサで十分。通し刺して、ハリ先からせいぜい1センチほど垂らせばいい。太いエサならハリ先ぎりぎりで切って使う。

日光にあたると弱るので容器に入れる

釣り方

【キャスティングの方法】

いろいろなスタイルがあるが、狙ったポイントを的確に攻めることができる投げ方がベストだ。コントロールを意識したキャスティングは、オーバースロー、スリークオーター、V字など。人よりも遠くに飛ばすことではなく、キスが釣れる場所に的確に仕掛けを運ぶことが肝要だ。

オーバースロー例

【誘い方】

魚がエサを見つけやすいように、ゆっくり引いて目立たせるのが基本。エサが止まっているときは吸い込みやすく吐き出しやすい。逆に動いているエサ

ゆっくり巻いて誘っていこう

は吸い込みにくいが、いったん口に入ると吐き出す前に掛かることが多くなる。遠くへキャストできない人は1投の探る距離を短くし、探りの間隔を少し長くすると、仕掛けを長くポイントに入れておくことができるだろう。

【仕掛けを引く範囲と潮況】

潮の動きに合わせて縦方向（波打ち際から沖、またはその逆方向）、潮の流れる方向、海藻が海岸に沿って生えているときは横方向など、エサを探しながら移動を繰り返す。このため、同じ場所で釣るのではなく、動きを推測しながら移動することが望ましい。

【時間帯】

早朝5時くらいから午前中いっぱいを目安にするといい。時期にもよるが、満潮と干潮の両方の時間帯に竿を出せるからだ。シロギスは潮の動きに敏感で、潮止まり直前に急に食いが立ち、潮が動き始めると急に釣れることがよくある。この時間帯を逃さず、丹念に探ってみよう。

【連掛け】

捕食を目的に群れで行動するため、エサを見つけると群がってくる。連掛けの秘訣は、1尾掛かったら仕掛けを止めず、探り続けてエサを追わせること。アタリの数をカウントして、ハリ数ぶんだけ掛けるのも、この釣りの魅力のひとつだ。

早朝5時くらいから2時間が釣りどき

「幽霊」の異名を持つ人気魚種
堤防での定番は電気ウキを使ったエサ釣り
ガツンと強烈な重みと引きが味わえる

堤防の夜釣りを代表する人気ターゲットのひとつがタチウオ。いわゆる「夏タチ」と呼ばれる小型がメインとなるが、9月に入ってから初冬までの数カ月がシーズンだ。人気魚種だけに年々釣り方が増えてきているが、そのなかでも定番中の定番が電気ウキを使った夜のエサ釣りだ。

タックル

【竿・リール・ライン】

磯竿なら3号4メートル前後、ほかにシーバスロッドの9フィート（2・7メートル前後）を使用する人が多い。夜釣りに慣れないうちは、あまり長い磯竿はイト絡みなどトラブルの原因になるので要注意。スピニングリールにミチイト3号標準で１５０メートルほど巻いておけばＯＫだ。

【仕掛け】

電気ウキ以下すべての仕掛け小物がセットになった市販品が便利。小物としては電気ウキ、ウキ止め、オモリ、ハリ周りの装飾、発光体など。電気ウキはリチウム電池使用で、オモリ負荷3号をメインに2～5号を使う。オモリは中通しか環付き、クッションゴムオモリなどで、電気ウキの浮力に合ったものを選ぼう。

ハリ周りについては、ハリとハリスがセットになった市販品の種類も多く、さまざま

仕掛けと装備の一例

なパターンで市販されているので、市販品だけでも多様な変化をつけることができる。具体的にはハリ数（1～3本）、ハリス素材（ワイヤー、ナイロン）、形状（孫バリタイプ、水平刺しタイプ）、ハリ（チヌバリ、タチウオバリ）など、人気魚種だけにバリエーションは豊富だ。

【エサ】

昔から定番のキビナゴを中心に、サンマの切り身などもよく使用される。また、現場でタマヅメにサビキで釣ったイワシなどがあれば、新鮮でなおよし。

釣り方

足元や周辺の状況を把握するために、明るいうちに着いておくのが無難。日が暮れ、薄暗くなってきたら、釣りスタートだ。釣れ出すといきなり浅いタナで釣れることが多いので、最初からタナを深くする必要はなく、一般的には2～3ヒロで始めるといい。

アタリがなければ、50センチ～1メートルと大まかな刻みでウキ下を変えてタナを探る。グループ釣行ならば、人によってウキ下を変えることで当たりダナを探るのも手だ。

潮が流れ出すと、ウキと仕掛けが流される速度も速くなる。そんなときは放っておかずに、自分のイトが適度に張っているか、ウキがどこにあるのかを把握して、流されすぎたら潮上へ投げ返す。とくに潮が手前へ押してくるときは、いつの間にか竿先からウキまでのイトが大きくたるみ、トラブルの元になるので要注意。張りを確認、またエサを動かして誘いを入れる目的で、ときどきエサを持ち上げるようにイトを引っ張ってやるといい。

アタリは多彩だが、最初にコツンと小さくウキが反応して、その後ストンと水面下50センチほどまで持って入ってジッとするのが理想的。こんな場合は少しラインテンションをかけると、そのまま明かりが見えなくなるくらいまで沈んでいくので、それを待ってアワせよう。

派手にウキが動きまわるときはグッと我慢。ウキの動きが落ち着いて、ゆっくりと沈み出して見えなくなるタイミングでアワせたい。

アワセはとにかく大きく強く！　掛かればガツンと強烈な重みと、最初は動かない引きが味わえる。竿でためて、スッと軽くなったところで一気に巻き上げにかかろう。あまり躊躇すると、抵抗を強められてバラシの原因になるので、早めに上げてしまうのが肝要だ。

釣趣を重んじる江戸前のターゲット
釣り方は「ミャク釣り」と「ウキ釣り」の2種類
満潮までの2時間前後を集中して狙う

手軽な反面、奥が深い陸っぱりのハゼ釣り。ミャク釣り、ウキ、チョイ投げと釣り方はバリエーション豊富だが、いずれも道具立てはシンプル、安価なものでOKだ。

タックル

【竿】

足場がそれほど高くなく、水深が2メートル以内だとノベ竿が釣りやすい。水深50センチ～2メートルの浅場で釣れるので、潮の干満などの変化を考えて3～5・4メートルで先調子の振り出しを釣り場によって使い分ける。足元から釣ることができるポイントでは2～3メートルの短いものでもいいが、潮が満ちてくると底が取れなくなることがあるので、長めも用意しておこう。

ノベ竿で届かないポイントでは、1・8メートルくらいのコンパクトロッドに小型スピニングリールを組み合わせてちょい投げで狙う。

【仕掛け】

釣り方は大きく分けるとミャク釣りとウキ釣りのふたつ。前者には、中通しオモリにヨリモドシを介した仕掛けや胴突き（専用のテンビンを使うものも含む）がある。足場が低く浅い釣り場では、これが一般的で釣りやすい。

後者はシモリウキを数個並べた仕掛けが主流で、長い竿を使う場合や水深が浅くやや流れがあるポイントを釣るのに向く。ウキにアタリが出て釣れる楽しさはあるが、タナ

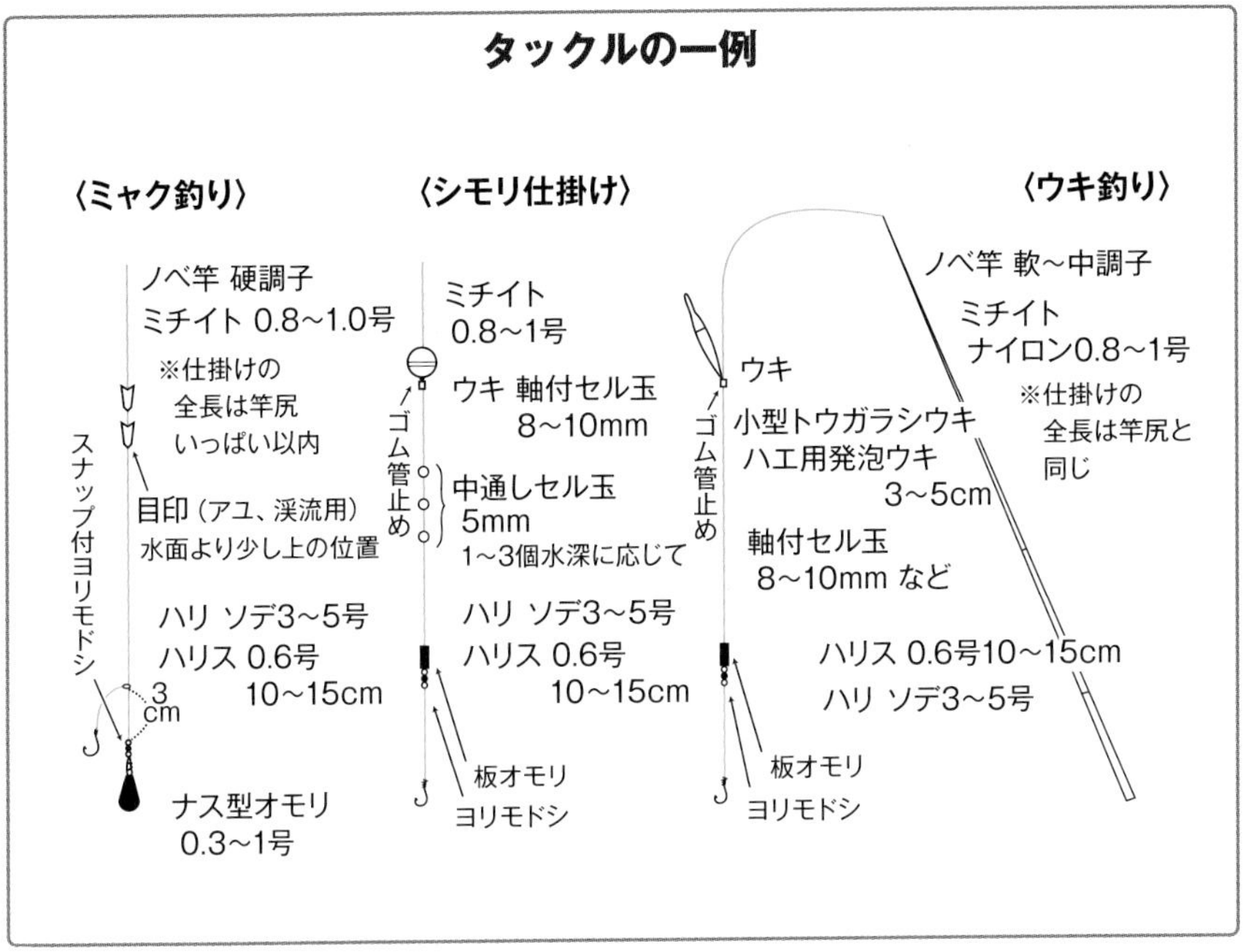

取りなどがむずかしい側面も。釣り場の状況に合わせ底ダチが容易に取れるミャク釣りのほうが入門しやすい。

ミチイトはナイロンまたはフロロの1～1・5号。ハリスは0・8～1号。仕掛けの全長は竿の長さと同じくらいが扱いやすい。リールを使ったちょい投げでは、全長50～60㌢の2本バリがいい。

ハリは袖またはハゼの4～5号。オモリは中通し（ナツメ型）、ナス型ともに1～2号。ちょい投げでは4～8号をタックルや潮の流れに応じて使い分ける。

【エサ】

よく使われるのはアオイソメ。生きたまま切って、まっすぐになるように通し刺しする。タラシは短めに。食いが悪いときは新しいものに交換しよう。

細めのミミズを2～3㌢に切って通し

エサの垂らしは短めで

刺しするのも定番。また、浅場に見えるハゼを狙う場合はホタテもオススメ。白いのでエサを口にすると見えなくなるためアワせやすい。貝柱を2つに割って、繊維質の部分をハリで引っ掛けるように付けよう。

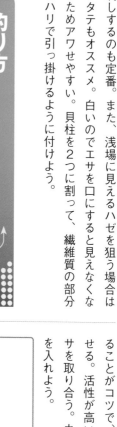

釣り方

【ウキ釣り】

エサが底を引きずるようにウキ下を調整。ポイントの上流に振り込んで流して探る。ミチイトを張りぎみにしていることがコツで、アタリが出たらひと呼吸おいて軽くアワせる。活性が高いときは、着底すると魚が集まってきてエサを取り合う。ウキがスーッと引き込まれるので即アワセを入れよう。

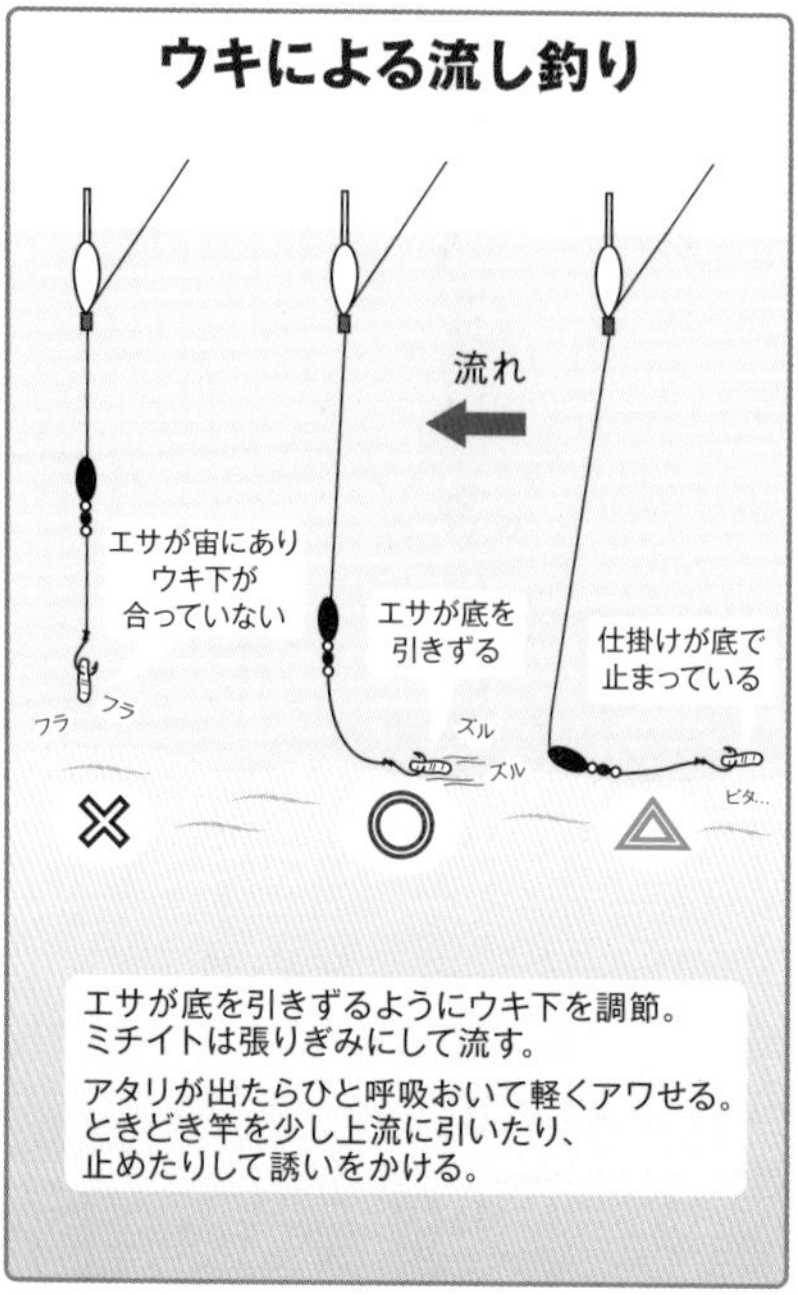

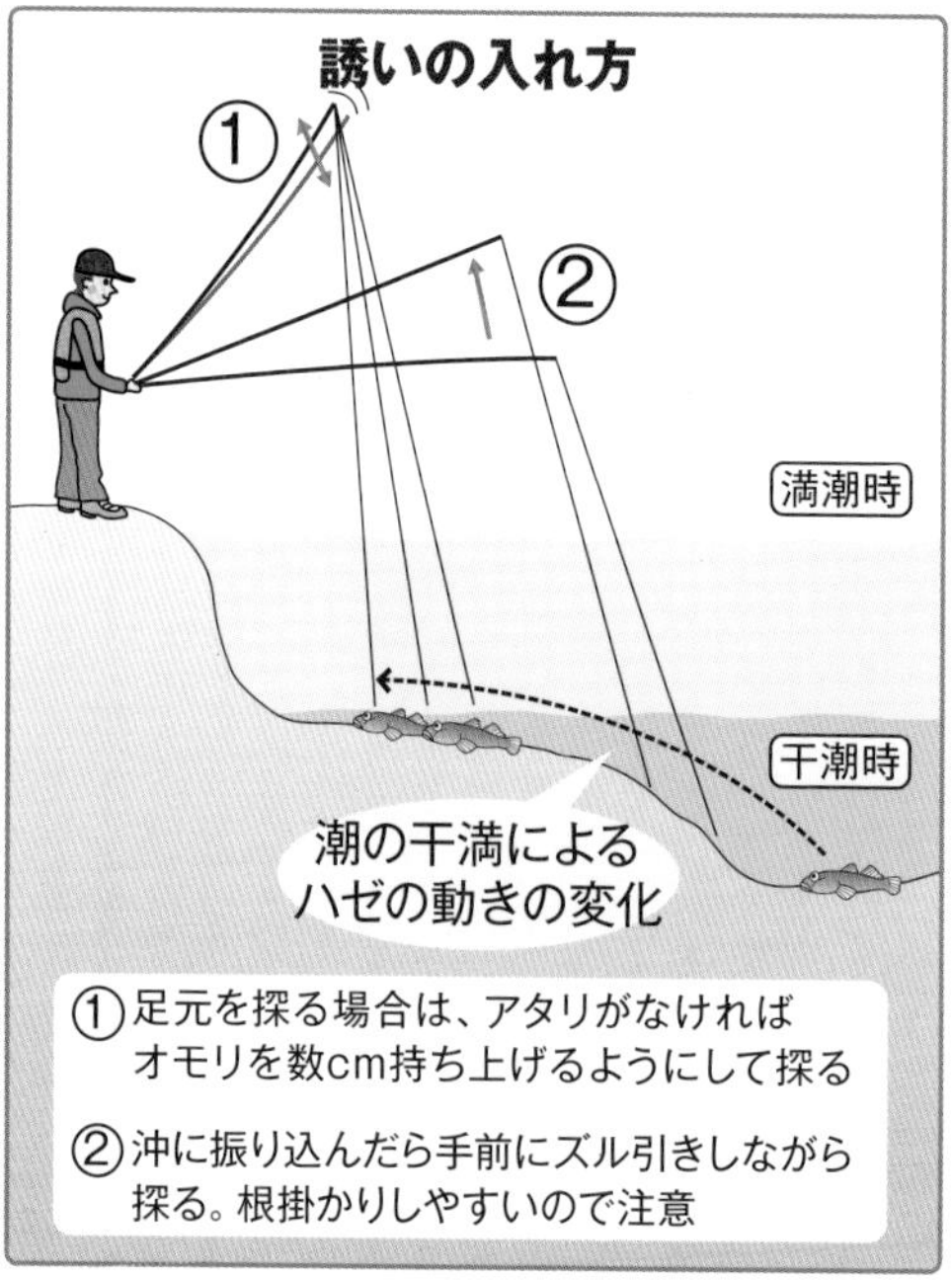

【ミャク釣り】

竿いっぱいに振り込んで、オモリを底に付けて静かにエサを手前に引いてくる。オモリを底から移動させるイメージで竿先を上げ、ひと呼吸おいて同じ動作をする。捨て石

見た目からは想像できない食味が最高！

新鮮な刺し身は絶品！

鮮魚店に並ぶことはなく、釣らないと食べられない美味魚「マハゼ」。見た目からは想像できないほどの上品な白身で、初めて食べる人は驚くだろう。

順調に掛かると100尾を超えることがめずらしくないので「さばく」と聞くと気は滅入るかもしれないが、その食味を十分引き出すために下処理はしっかりしておきたい。ここでは基本的な手順を紹介する。

①ザルに魚を入れて、多めの塩でしっかりもみ洗いする

②①を繰り返す

③頭をおとす

④内臓を取る

⑤背または腹から刃を入れて開く

ぜひ味わって欲しいのは刺し身。その場合は②と③の間に、ウロコを除去する作業がある。包丁で簡単に引けばいいが、これを怠ると舌触りに影響する。大量につくるのは大変だが、根気強くトライしてほしい。

周りやカケアガリなどをこまかく誘いをかけながら探り、オモリが足元まできたら、再度振り込みポイントを探る。

魚がエサに食いつくと竿元にプルプルッとわかりやすいアタリがくる。このとき強いアワセは禁物で、竿をゆっくり軽く立てるだけでいい。竿に重みを感じたらそのまま抜き上げて取り込もう。

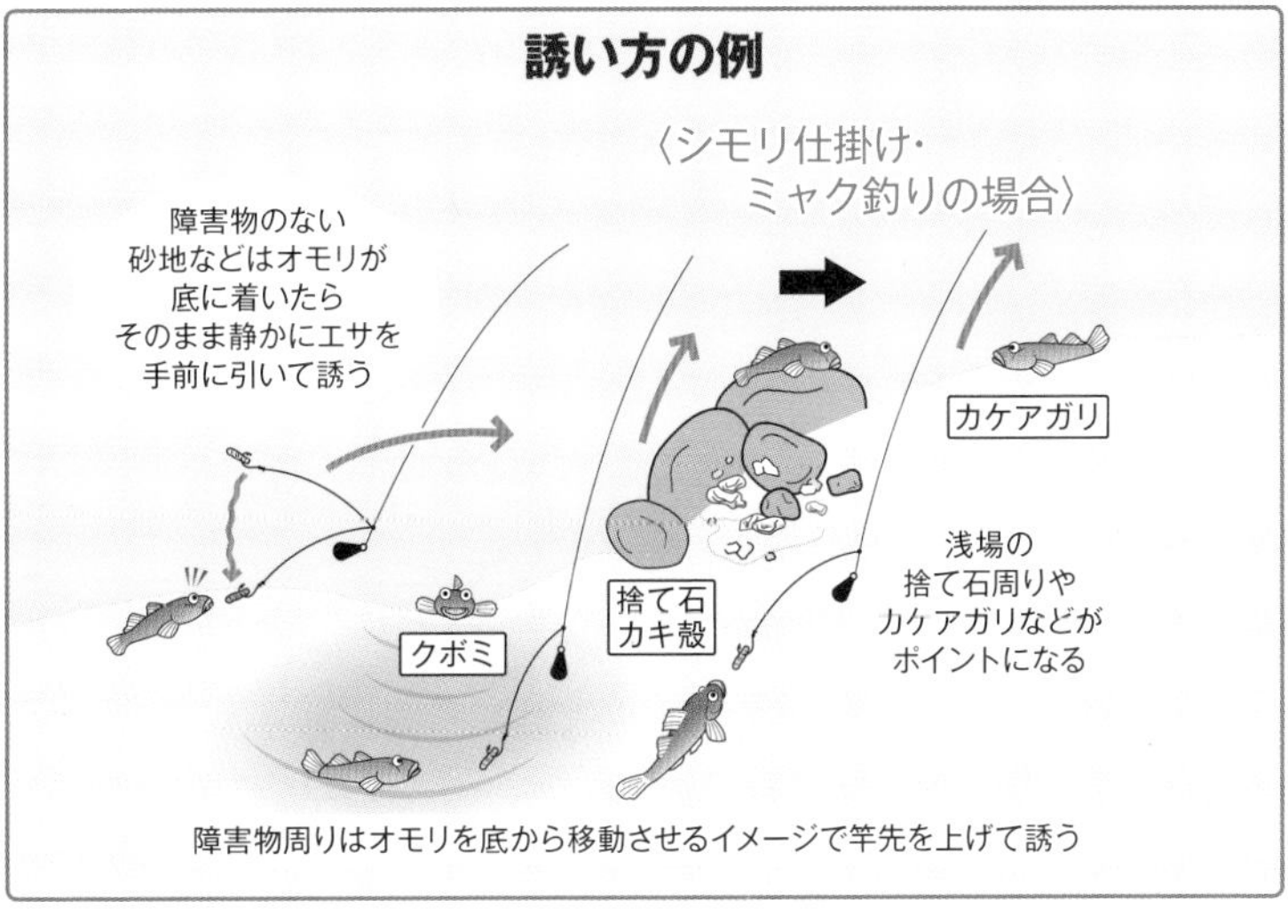
誘い方の例
〈シモリ仕掛け・
ミャク釣りの場合〉
障害物のない
砂地などはオモリが
底に着いたら
そのまま静かにエサを
手前に引いて誘う
カケアガリ
捨て石
カキ殻
クボミ
浅場の
捨て石周りや
カケアガリなどが
ポイントになる
障害物周りはオモリを底から移動させるイメージで竿先を上げて誘う

第3章
陸っぱり魚種別釣法
メジナ

パワフルでスリリングな駆け引きが楽しい
コマセワークや仕掛けの工夫しだいで釣果が大きく変わるゲーム性の高さが魅力

身近な堤防から潮がガンガン流れるような離島まで幅広く分布するメジナ。3種いるが、磯で上物釣りのターゲットになるのは2種。身近な堤防や半島周りで釣れる口太メジナ（標準和名＝メジナ）と沖磯や離島などの潮通しがいい場所で釣れる尾長メジナ（標準和名＝クロメジナ）がいる。

タックル

【竿・リール・ライン】

メジナはサイズからは想像できない豪快な引きをみせるため、パワーを受け止められる磯釣り専用竿を使用する。初心者が最初に購入するなら、1・5号の5・3メートル前後がベスト。安価なもので始め、道具に慣れてきたらステップアップするのが理想だ。

リールは2500～3000番クラスのスピニングリールが使いやすい。ミチイトはサスペンドタイプのナイロン製が使いやすく、2号前後を150メートルほどリールに巻いておく。磯釣り専用のレバーブレーキ付きリールは、強力な引きにも瞬時にイトが出せて対応しやすい反面、操作に多少慣れが必要なため、最初はノーマルでOKだ。

手のひらサイズでも引きは強烈!

【仕掛け】

ハリスはフロロが強度に優れ、1・5〜2号を使用。ハリは伊勢尼やグレの5〜6号を基準にする。

ウキは円錐型がさまざまな場所で応用が利く。カラーはオレンジ系がオススメ。浮力は初心者ならB〜3Bくらいで、しっかりタナを取ったほうが安定した釣果が得られるだろう。

【エサ】

コマセは半解凍したオキアミを3キロ程度用意して粗めに潰し、専用の配合エサと海水を混ぜ合わせる。水は多すぎると、あとからの調整が困難なので最初は少なめに。

付けエサは生オキアミが一般的。このエサはアジ、サバ、クロダイなど本命以外にも多種類のうれしい魚が釣れることも。

釣り方

【コマセと付けエサを同調させる】

この釣りで重要なことは、コマセとハリに付いたエサを同調させること。初心者は、潮が一定して流れやすい堤防の先端から少し下がったあたりに釣り座を構えると、コマセと仕掛けの同調が容易になる。

タナは、魚が見える場合は浅め、逆のときは水深の半分ほどからスタート。コマセは仕掛けよりも潮上にまき、帯状に流れるように。最初はウキを囲むようにまけばいい。1回に大量にまくのではなく、少量のコマセを継続的にまき続けよう。

【アタリとアワセ】

アタリは、ウキが勢いよく海中に消えていくので、ここで大きくアワせる。活性が低いときは、ウキがわずかに動いたり、ゆっくり沈んでいく場合も。不自然に思ったときには軽く竿を上げるなど、ウキの動きに細心の注意が必要だ。

ヒットすると、メジナは海底の隙間や障害物などに向かって逃げ込む。そのスピードに負けないようにリールを巻き、竿の弾力でブレーキをかける。一定のスピードでリールを巻いて距離を少しずつ詰めていけば、それほど暴れずに上がってくるはずだ。

小気味いい引きが楽しめる春告魚

堤防メバルは「ウキ釣り」「ミャク釣り」「ブッコミ釣り」の3つで攻略

愛らしい目と小気味いい引き、抜群の食味で釣り人を魅力するメバル。堤防際の探り釣りやウキ釣り、ブッコミ釣り。昔ながらの渓流竿などのノベ竿を使ったミャク釣りやウキ釣りなど、堤防から狙うメバルにはさまざまな釣り方が存在する。

タックル

【竿・リール】

汎用性が高いのは、軟調子のクロダイ竿や磯竿。長さは4・5〜5《メートル》ぐらいが使いやすい。合わせるリールは小型のスピニングリールで、レバーブレーキなどは必要ない。

ノベ竿なら、渓流竿でも代用可能。また、堤防際の探り釣りなどでは、イカダのクロダイ用の短竿が使いやすく、リールは小型ベイトリールを使用する。

【仕掛け】

ウキ釣りでは、ミチイトはさばきやすいナイロンがオススメだ。太さは2号。水深が浅い釣り場ならウキゴムを通して小型のサルカンを介し、ハリス0・8号を1ヒロほどとる。ハリはチンタメバルの8〜10号。水深がある釣り場なら、ウキ止めと遊動ウキを用いて深いタナを探れるようにしておくといい。

ミャク釣りはミチイト、ハリスは通しでも、別でもいい。通しなら0・8号、別ならミチイト1・5号にハリス0・8号といったところだ。ハリは同じくチンタメバルの8〜10号。ハリ上1《メートル》ほどのところに状況に応じたオモリを打つ。取り外しの簡単なゴム張り式がいいだろう。重さはカミツブシ大々～1号ぐらいまではそろえておきたい。

ブッコミ釣りは、胴突き仕掛けがオススメ。底より少し浮きぎみになっているメバルをイメージして、最下バリとオモリまでのステイトはやや長めにとっておく。細ハリスが有利だが、ブッコミではカサゴなどもよくヒットするので、ハリスは1～1・2号ぐらいまで上げてもOK。オモリは状況に応じて、ナス型やツリガネ型の3～8号を使い分けよう。

釣り方

【ウキ釣り】

ウキ釣りのポイントはタナ取りだ。活性が高いとメバルはエサを追って水面が騒がしくなるほど浮いてくるが、逆に活性が低いと底べったりになることも。本命以外がヒットするときは、すぐにタナを変更しよう。

アワセはウキが沈み込んで、ウキの明かりが見えなくなるぐらいまで待ってからアワせよう。とくに虫エサを使っているときは、遅アワセのほうがいい。

【ミャク釣り】

ミャク釣りは、ノベ竿の角度で探るタナを自由に変えられるのが強み。いったん竿先を水面近くまで下げ、少しずつ誘い上げたり、逆に水面から少しずつテンションをかけながら落とし込んでいく誘い下げが効く。

アタリはいきなり穂先をひったくったり、モゾモゾと居食いのような感じのときもある。怪しいと思ったら、少し竿先を上げて聞いてみよう。

【ブッコミ釣り】

キャストして底をとったら、仕掛けを動かさずアタリを待つ。しばらくしてアタリがなければ底を引きずらないように、オモリを持ち上げるイメージで竿をあおって仕掛けを浮かせ、再び仕掛けを落とす。オモリで底を引きずると高確率で根掛かりしてしまうので、リフト&フォールのイメージで探っていこう。

アタリはオモリが着底した瞬間に出ることが多い。手持ちで探っているとダイレクトにアタリが伝わるため、即アワセしがちだが、ワンテンポおいてからアワせたほうがハリ掛かりしやすい。

自由気ままに多彩な魚種を狙う

ターゲットの選択、釣り方、ポイント選びはすべて自分しだい。釣行の準備は念入りに

手漕ぎボート釣りの魅力は、何と言っても自由気ままに釣りができること。ターゲットの選択、釣り方からポイント選びまで、すべて自分で行なわなければならない。それだけに釣果が得られた喜びも大きい。

近場の比較的浅い水深を狙うシロギスやカレイ、やや深いポイントではアジやメバル、また岩礁地帯ではカサゴなどがおもなターゲット。狙いたい魚や行きたい場所を決めたらボート店に連絡を入れ、海へ漕ぎ出してみよう。

ライフジャケットはかならず着用。ボート店によっては借りられるところもある。動作の妨げにならない細身な自動膨張タイプの購入をオススメする。

ボート内のスペースは限りがあるので、持ち物はコンパクトにまとめて乗船。乗り場は海岸か船着場だが、ほとんどの店では乗降時サポートしてくれる。乗り場によっては、砂地や滑りやすいところもあるので長靴などを履こう。

以下、魚種ごとの攻略法やあると便利なアイテムについて解説する。

【シロギス】

タックルや仕掛けは図参照。エサはアオイソメやジャリ

アイテム配置例

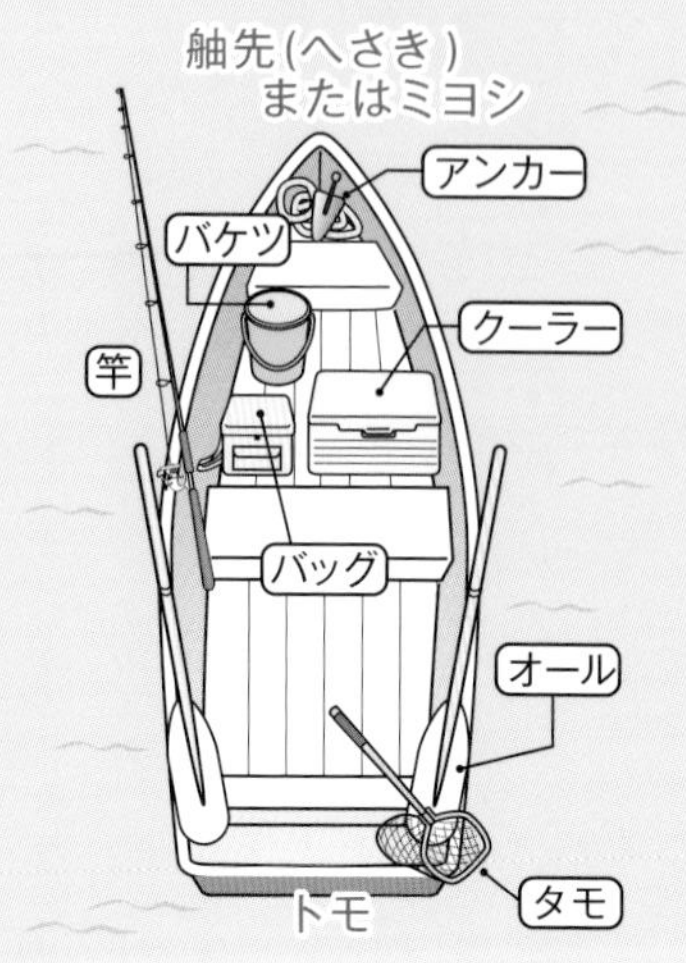

メ。前者はなるべく細めのものを選び、頭の硬い部分をカット。後者は頭からハリを通し刺しにして、かならずハリ先を出す。タラシは2～3センチ程度で、食いがいいようなら、さらに短く。ボート店でエサを売っていない場合もあるので事前に確認が必要だ。

釣り場は砂地の場所が多い。仕掛けを軽くキャストしたあと、イトフケをとり、ゆっくりサビいて（引いて）くる釣り方が一般的。サビくスピードが遅すぎるとメゴチの率が高くなる。

仕掛けを止めたあとにアタることが多いので、仕掛けが船下にきてもすぐには上げず、誘うとアタることも。

アタリは明確。急にアワせず、ひと呼吸おくか、少し送り込んでから、一定のリズムで巻き上げると掛かりがいい。

釣れたメゴチや小型のシロギスを活きエサにして、マゴチやヒラメなどを狙うのもおもしろい。

【アジ・サバ】

サビキ仕掛けのタックルは図参照。コマセはアミコマセを使用。冷凍ブロックを前日の夕方くらいから室温で放置しておくと、釣行時に使いやすい。当日買う場合はコマセカッターがあると便利。

仕掛け投入後、底から当たりダナを探る。（魚探も有効）。アタリがあったら、その水深を覚えておこう。コマセはカゴにきつく詰めず、8分目ほどにして仕掛けを投入。着底後、イトフケを取り、さらに当たりダナまで巻き上げ、コマセを振ってアタリを待つ。

ヒットし始めたら、コマ

タックルの一例

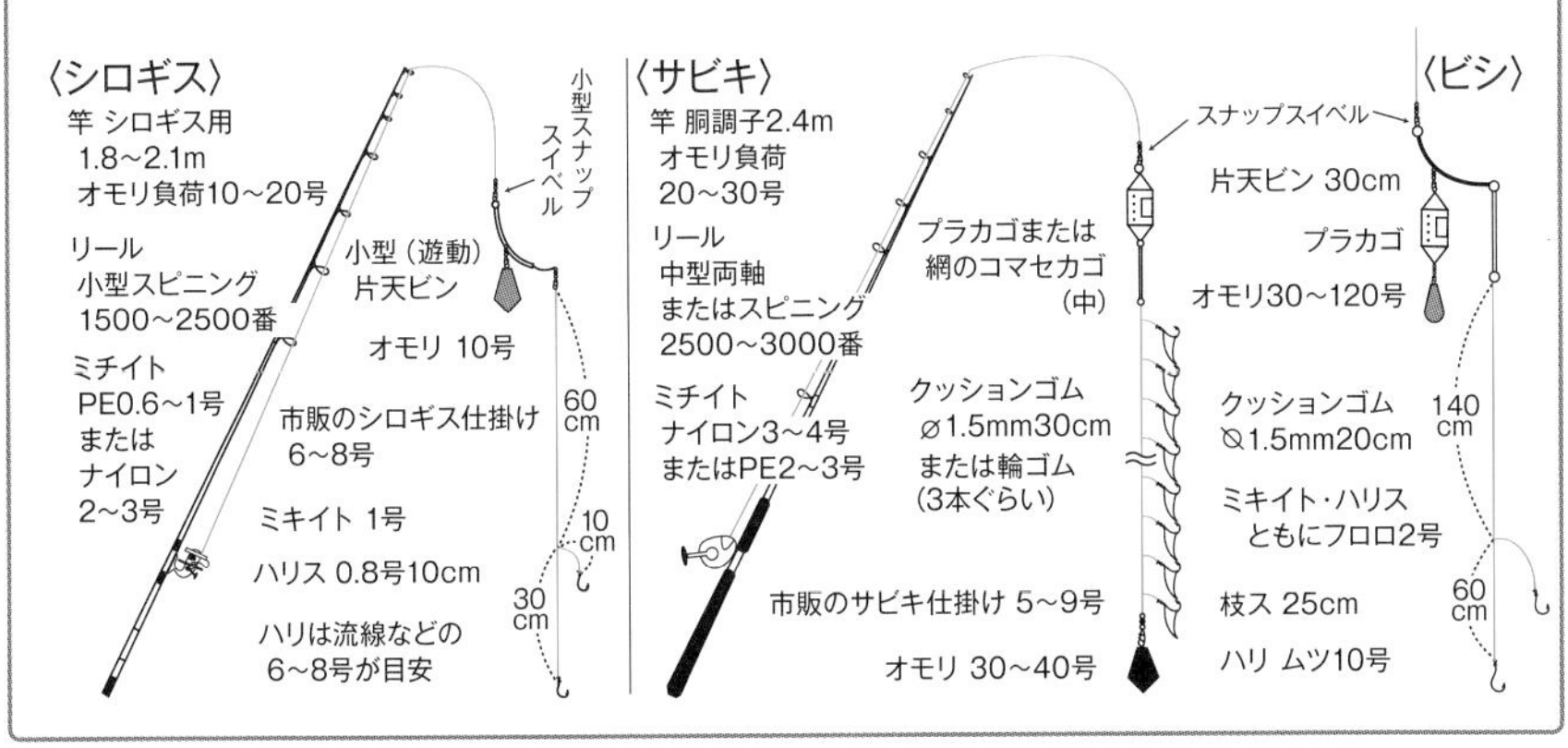

セを減らして手返しよく仕掛けを投入してコマセを振り、魚を寄せておくことがポイント。コマセの詰め替えは、仕掛けは海中に入れたまま、カゴだけをボート内に入れて行ない手前マツリを防ぐ。

　ビシ釣りの仕掛けは図参照。潮の速いエリアでは、数種重さの違う物を用意しておく。

【釣り場について】

　ボート店の人に聞くのが一番。つねに釣況を把握しているので、最適なポイントを教えてくれるはず。

　あまり遠くには行かず、無理をしないことが大事。風のない日はアンカー（ボートに付いているオモリ）を入れず流して、アタリがあった場所でアンカリングする。

　また、下図を参照にヤマダテを覚えておきたい。自艇の位置の把握と、釣れたポイントを覚えておくのに役立つ。

【便利な道具】

　携帯電話は忘れずに。ボート店の電話番号や海のトラブル118番を登録しておくといい。

　長時間座るのでエアークッションなどがあると快適に過ごせる。そのほか、毒やトゲのある魚もいるのでメゴチバサミやフィッシュグリップなどがあると便利。また、手を洗ったり、一時的に釣れた魚を入れておくロープ付きの水汲みバケツも忘れずに。ボート釣りでは思わぬ大物がヒットすることがある。取り込み用のタモがあれば万全だ。

【注意事項】

　天候の把握がもっとも重要。出船前の悪天候はもちろん、途中で急変したらすぐに引き返そう。とくに風は注意すべき事項のひとつ。早めの判断が大切だ。

　また、ボート上では絶対に立たないこと。移動するときはなるべく低い姿勢でゆっくり。日射病熱中症対策として、飲み物は多めに持参しよう。

ボートと景色の関係

<2方向から位置を把握する >

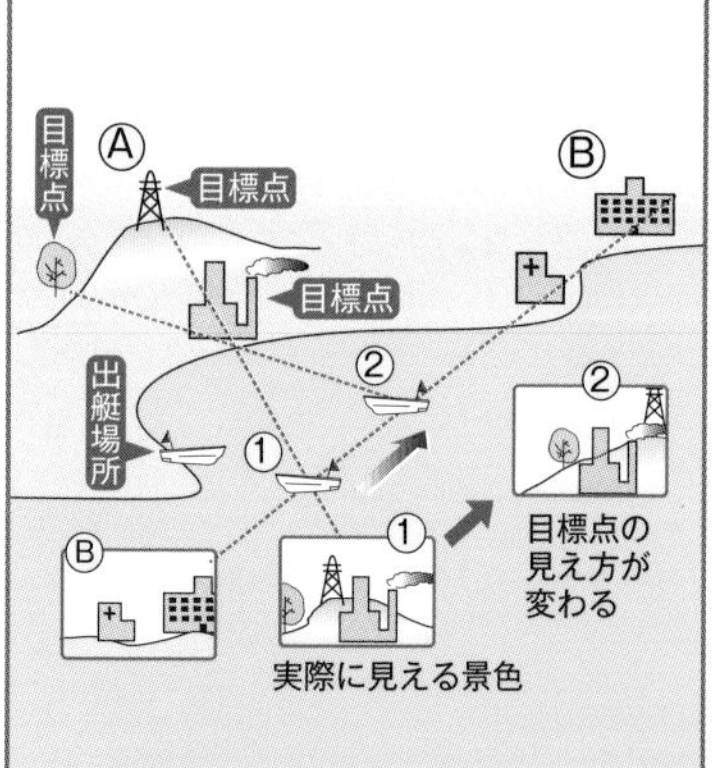

①～②に流された場合
①⇨②の景色の変化で自分の位置を把握する
Ⓑ側の景色だけ見ていると出艇場所から遠ざかっていることに気づきにくい
(B側の景色はあまり変わらない)

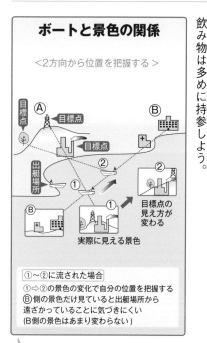

第4章

沖釣り 魚種別釣法

乗合船に乗ってみよう!
ターゲットを決めたら出船スタイルを選択 詳細を船宿に確認して持ち物チェック

船で魚の集まっているところに行くので釣果が期待できる沖釣り。小人数や家族釣行で利用しやすい乗合船の利用方法を紹介しよう。

【情報収集】

どの港から出船しているか、何の魚をターゲットにしているか、どれほど釣れているかなどの情報をチェックするのが第一歩。駅から徒歩圏内で朝の出船が比較的遅い船宿もあるので、ウェブサイトや専門誌を参考に利用する船宿を決めよう。

【出船スタイル】

通常の乗合船は、正味6〜7時間程度が釣り時間になる「一日船」が基本。船宿や釣り物によっては、午前・午後に分かれた3〜4時間程度の「半日船」や、それよりやや長い「ショート乗合」もある。

船釣りが初めての人には、乗船時間の短い半日船がオススメ。朝起きるのが苦手なら午後船を利用するといい。道具の扱いに慣れたり、しっかり釣りをしたいなら、釣り時間が長い一日船。

釣り物やエリアによって乗船時間が異なり、一日船や午前船は4〜7時、午後船は午前11時〜午後1時出船の場合が多い。釣行スケジュールの一例を参考にしてほしい。

【出船確認】

釣行予定日が決まったら船宿に電話で確認しよう。出船の有無、集合時間・場所、出船時間、乗船料などを問い合わせる。レンタルできる道具やその料金、エサや仕掛けなど必要なら同時に聞いておこう。心配なことは事前に聞いておくと、当日の不安を減らせる。

【港・船宿到着】

少なくとも出船時間の1時間前までには船宿や集合場所に到着しておきたい。乗船手続きや準備に時間がかかることがある。予約乗船の場合は遅れるときはかならず連絡を。

【受付】

船宿または港に到着したら、まずは受け付け。釣り座を先に確保する場合もある。船宿指定の集合時間は、その時間までに受け付けを済ませてほしい時間になる。

乗船料やレンタル料の支払いはこのとき、または後払い。クレジットカードを使える船宿は少ないので、現金を用意しておく。

荷物を場所取りに使ったり、車のキーを預ける場合もあるので、貴重品の管理には気をつけよう。道具をレンタルする場合はお願いする。

【釣り座の決め方】

船での座席は、先着順で札を取る、船に直接荷物を置いて取る、抽選、ジャンケンで決める、船長から指示されるなど船宿によって違う。

慣れないうちは操舵室横の胴の間に入ると、船長や仲乗りからの指示を受けやすく、釣りを覚えるにはいい。また揺れも少ない釣り座なので、入門者にはオススメ。

釣行スケジュールの一例

予定が決まったら（前日までに）

船宿を決める

船宿に確認 ※深夜の問い合わせはやめよう

●前日は十分な睡眠をとろう

釣行当日 東京湾・金沢八景出船の夜根魚に乗船の場合

●時間に余裕をもって準備をしよう

出発

●乗船1時間くらい前までに、軽くごはんを食べて酔い止めを飲んでおく。

PM16:00 **港・船宿に到着**

●受け付け・乗船

●指定された集合時間までに受け付けを済ませよう！

●船宿にトイレがあるなら済ませておくといい。

PM17:30 **出船**

●船長の合図で釣り開始

●おやつTIMEは手の汚れないものが◎！

PM20:45 **納竿**

PM21:00 **帰港**

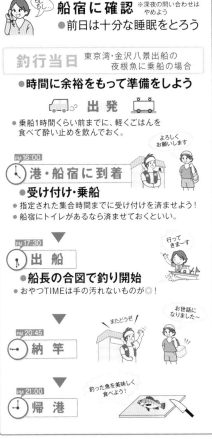

第4章
沖釣り魚種別釣法
アジ

1束超を狙える大衆魚の王様
手堅い釣果で沖釣り入門に最適
こまめなコマセワークがカギ

アジは沖釣りの人気ターゲット。対象層は広く、初心者は楽しく遊べ、ベテランも数釣りを楽しめる。クンクンと訪れる独特なアタリに魅せられるファンも多い。釣り方はさまざまだが、ここでは東京湾で人気のライトタックルアジ（以下LTアジ）と、エサ付け不要のサビキアジを紹介する。

LTアジ

軽い仕掛けで浅場を攻めるためダイレクトな引きが楽しめるLTアジ。竿やリールは軽く、適度な難易度で初心者やファミリーにも最適だ。サバ、イシモチ、シロギスなど多彩なゲストが顔を見せるのも魅力と言えるだろう。

出船形態は、一日船、ショート船、半日船とさまざま。都合に合わせてがっつり一日楽しむもよし、さくっと短時間遊ぶのもいい。

【タックル】

竿は専用がベストだが、1・8〜2・1メートルのライトゲームロッドも適する。イサキ釣り用などでも代用は可能。調子は8対2の先調子ならアタリがわかりやすく、6対4の胴調子はバラシが少ない。

リールはPE1〜1・5号を100〜150メートル巻ける小型両軸。ミチイトは、1メートルごとにマーカーが入っているものを使用するとタナ取りが正確に行なえる。

テンビンの太さは直径1・2ミリ程度で、腕長20〜30センチ前後のLT用が使いやすい。ビシは船宿により指定の重さはあるが、30〜40号が基本。使うコマセの種類によって網目が違うので、重さとともに船宿に事前確認を。まずはレンタルするといい。

仕掛けは市販の2〜3本バリで全長2メートル前後、ミキイト・ハリスともに1・5〜2号くらいが標準。ハリはムツ8〜9号。慣れないうちは短めの2本バリがいい。仕掛けの長さなどを指定する船宿があるので、こちらも事前確認したい。

LT アジ タックルの一例

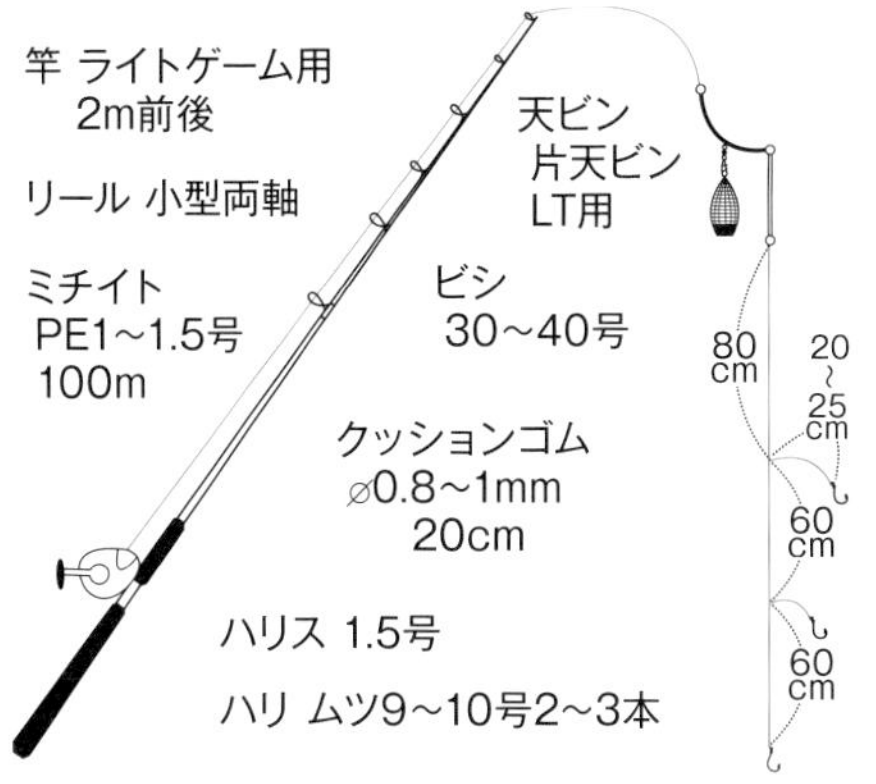

仕掛けとテンビンを接続するクッションゴムは、硬めの竿を使う場合に必需品。太さ0・8〜1ミリで20〜30センチ、または一般的な太い輪ゴム（幅約5ミリ）を取り付ける。

エサはイカを食紅で染めた赤短と呼ばれるものとアオイソメが一般的。濁り潮では後者が有効なときが多く、1〜2センチくらいに切って付ける。

【釣り方】

コマセをビシに7〜8分に詰め、ビシを少し前方へ振り出すように投入。着底したらリールのクラッチをONにし、イトフケを取る。このとき、仕掛けはまだ宙にあることを意識する。

タナが底から2メートルの場合、海底から1メートル上げて振り出し、数秒間ステイ。さらに1メートル上げて1〜2回振り出してアタリを待つ。潮

皆で協力してコマセをまく

虫エサが苦手なら人工エサも

エサの赤短

が極端に速いときはほぼ海底付近でコマセを振り出すこともある。

反応がなければふたたびその位置でコマセを出し、仕掛けの半分ほど巻き上げる。これで反応がなければ海底まで落としてやり直すといい。2往復もすればビシは空になるので回収。コマセを詰め直して、同じ誘いを繰り返す。

アタリがきたら竿をゆっくり立てて、ハリ掛かりさせる。

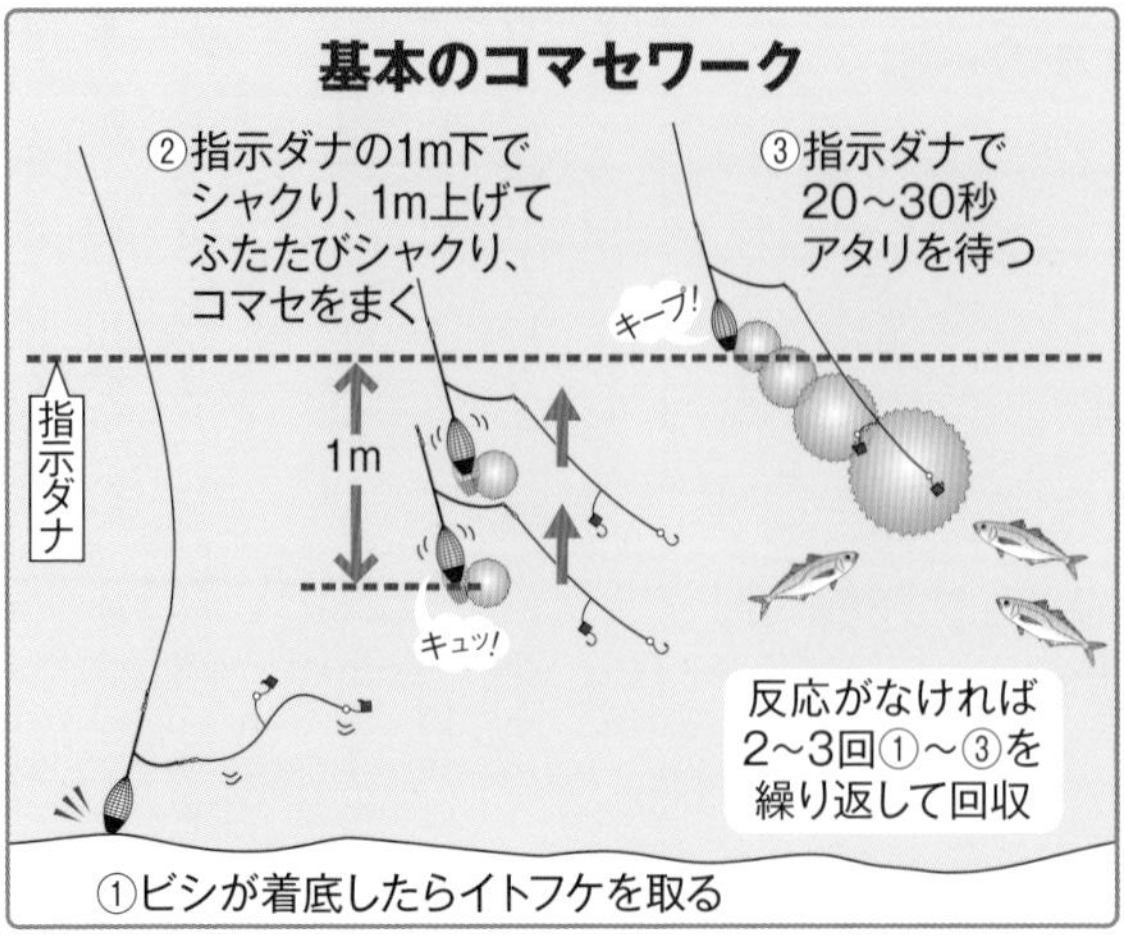

フッキングを確認したら、一定のスピードで巻き上げる。アジは口が弱く、口切れしやすいので大アワセは禁物。水面まできたら、一気に船内へ抜き上げる。時期や場所によっては40センチ級の良型が交じる。その場合は無理をしないで、船長や周囲の人にタモ取りをお願いしよう。

サビキアジ

【タックル】

竿は8対2～7対3の先調子竿がコマセを振り出しやすく使いやすい。サビキ仕掛けの全長に合わせたものを選べば手返しを早めていけるが、極端に仕掛けの全長と差があるものでなければ使える。リールは手巻きでOK。電

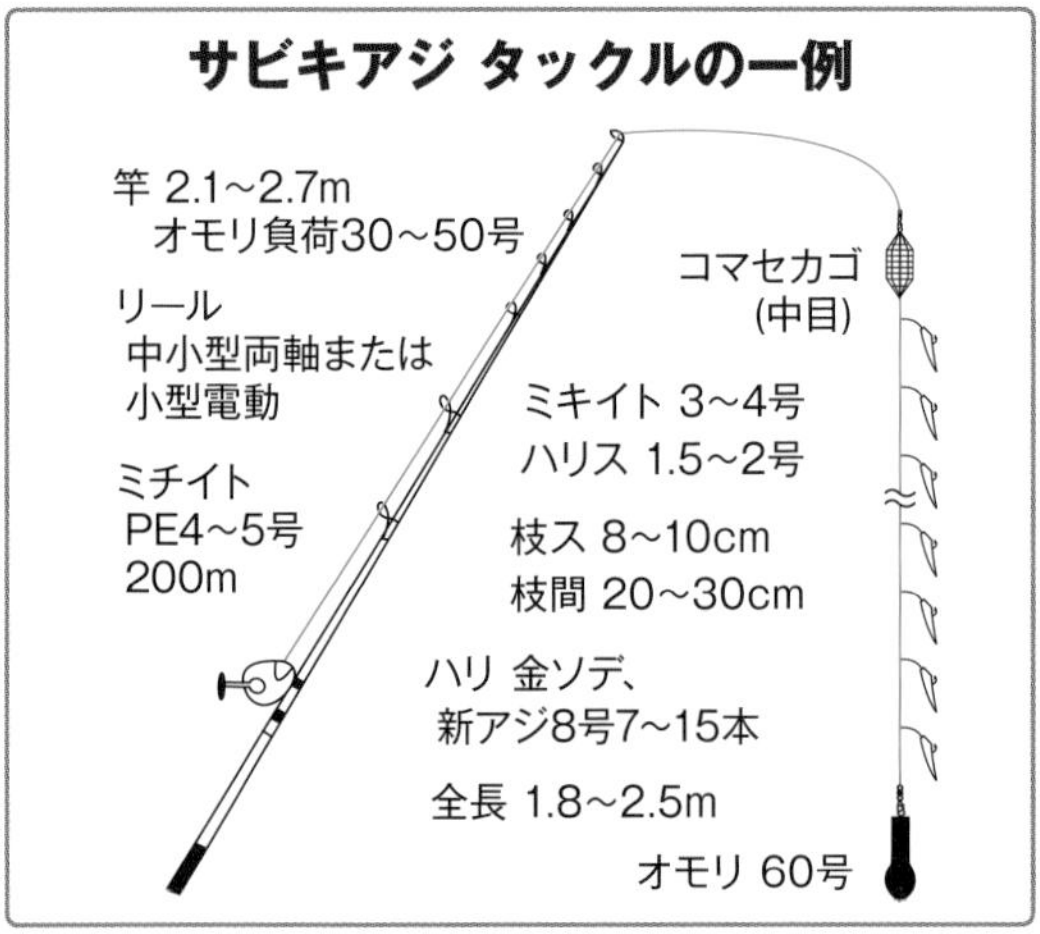

動でもいいが手返しを考えると、電源コードもなく、軽い手巻きに利がある。

【仕掛け】

ハゲ皮やスキンなど、市販されているサビキ仕掛けでOK。

【釣り方】

カゴに詰めるコマセは8割が基本。詰めすぎると出が悪くなる。コマセワークについては下図参照。

アタリは明確に手元に伝わることがあれば、竿先が揺れるようなものまでさまざま。軽くアワせてしっかりと上アゴにハリ掛かりさせよう。魚が掛かるとカゴが暴れて、コマセが放出されるので追い食いのチャンス。少しずつ巻き上げて多点掛けを狙う。

取り込みは、上アゴにガッチリとハリ掛かりしていたら、ハリスを持ってサッと抜き上げる。口の横に掛かっていたら、口切れでバレやすいので慎重に。大型や青物などが掛かった場合はタモを使おう。

数を伸ばすには手返しが大切。釣れる時間帯にどれだけ釣るかが大事だ。「コマセを詰める→投入→タナ取り→取り込み」といった一連の作業を流れるような所作でこなせるようにめざそう。

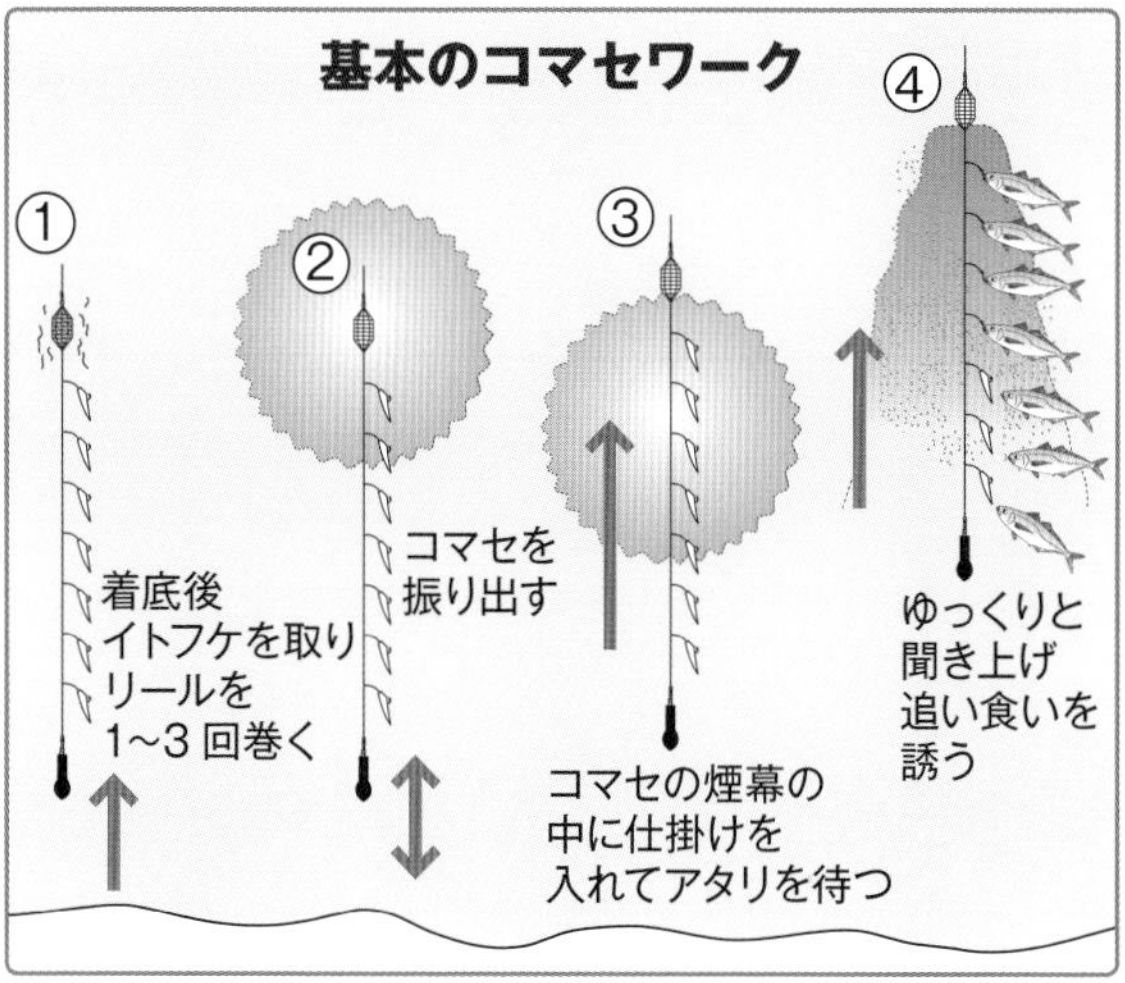
基本のコマセワーク
①
着底後
イトフケを取り
リールを
1～3 回巻く
②
コマセを
振り出す
③
コマセの煙幕の
中に仕掛けを
入れてアタリを待つ
④
ゆっくりと
聞き上げ
追い食いを
誘う

愛嬌ある癒し系の姿が大人気
着底の瞬間から始まる駆け引き
こまめなタナ取りが釣果アップのキモ

ひょうきんな顔をしているが、ピンクの美しい魚体は上品な甘みで最高級食材として知られるアマダイ。コマセ不要でシンプルな仕掛けで狙え、明確なアタリ～三段引きで釣り人を虜にする。

タックル

【竿・リール・ライン】

竿はオモリ負荷30号の7対3～6対4調子で、全長2～2・4㍍。ゲームロッド、コマセシャクリ用が流用できる。また、波の高い日には3㍍前後のヒラメ用などを使用することも。釣り

場や船宿によりライトタックルで狙うことがあり、この場合は竿や仕掛けも含め1～2ランク軽いものが使われる。ミチイトの号数も細くなるので、かならずセットで確認するようにしよう。

リールは手持ちで誘い、手返しよく釣るため小型電動が主流。ミチイトはPE2～3号を200㍍以上巻

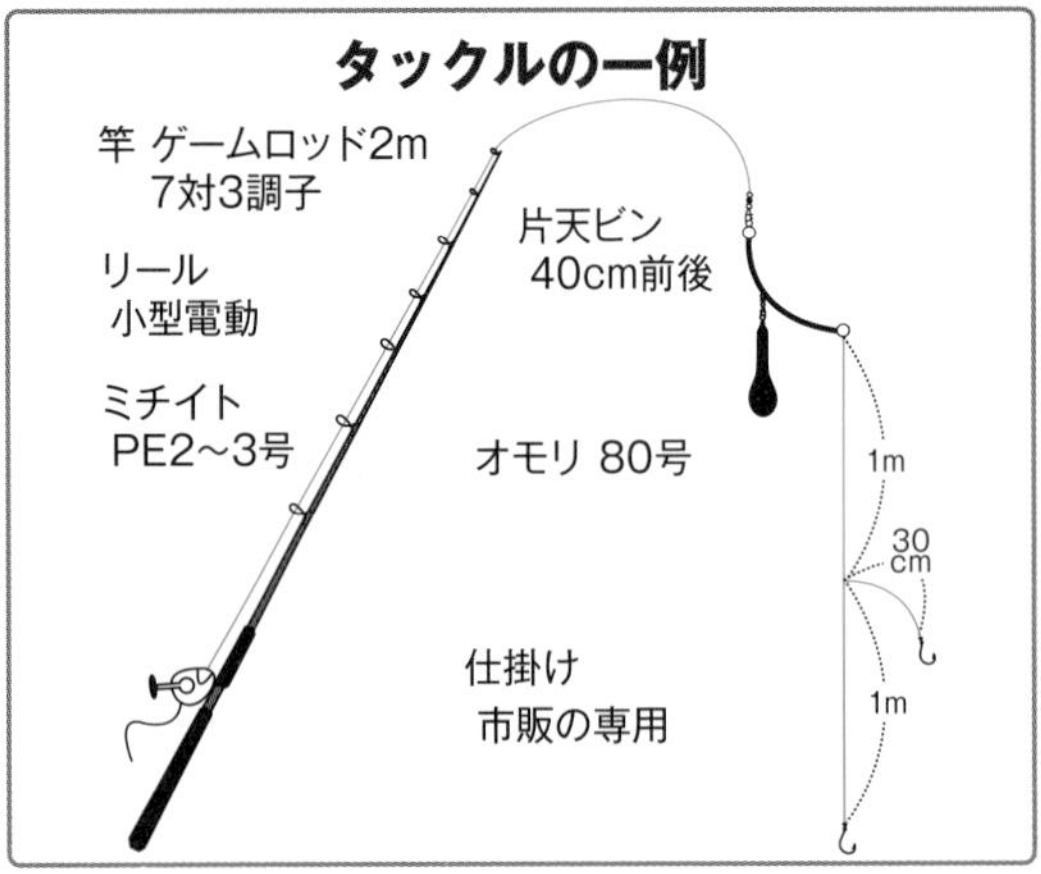

いておく。LTの場合は2号前後。

【仕掛け】

直径1・5〜2ミリ径の腕長35〜45センチ片テンビンに60〜80号オモリを用いた吹き流しのハリス3号2メートル、2本バリが標準。クッションゴムの使用は各自の好みだが、竿が硬めなら1・5ミリ径30センチを介す。

【エサ】

オキアミの1匹掛けが基本。持参するときは身のしっかりしたM〜Lサイズ。

付け方は、尾羽根を切り、切り口からハリ先を入れ腹に抜く。まっすぐになるように整える。あまり深く刺すとオキアミが曲がり、ハリスがヨレるので注意したい。

釣り方

【投入〜タナ取り】

仕掛けが絡まないようにテンビンを持って投入。オモリが着底したら、すぐにリールのクラッチを入れてイトフケを取り、オモリを狙いのタナまで上げる。基本的にはエサが底上50センチくらいの位置で、潮が速いときは低め、緩いときは高くする。

釣り場は緩やかなカケアガリを形成していることが多く、水深は刻々と変化していく。そのため、まめなタナの取り直しが必要。30秒〜2分に1回、竿をゆっくり大きくリフト。少しポーズを取ってからゆっくり落とし込むと効果的だ。

【アタリ〜取り込み】

この釣りに小さなエサ取りのアタリはつきもの。エサ取りのアタリを見逃して仕掛けを流しているとチャンス激減。つねに竿先の変化に注意することが大切だ。

本命からのシグナルがきたら、ゆっくり大きく聞き上げる。グイッと重量感が伝わり、ハリ掛かりが確認できたら、リールを巻きながら竿を水平に戻してもう一度軽くアワセを入れる。

底層での引きは鋭く、まずは竿の弾力を活かしていなす。底から離れたら電動リールを中低速くらいでスイッチオン。途中で三段引きがあれば、ほぼ本命だと思っていい。海面まで上がってくれば、あまり暴れることはなく30センチクラスまでなら比較的簡単に抜き上げられるだろう。

第4章
沖釣り魚種別釣法
イサキ

春から初夏の鉄板釣り物
タナ取り&コマセワークが釣果を左右
細ハリスでスリリングなやりとりが楽しい

イサキはコマセ釣りで狙う中型魚としては比較的浅ダナで楽しむことができ、ビギナーにも入門しやすいターゲット。釣ってよし、食べてよし。春から初夏の花形だ。

タックル

【竿・リール・ライン】

竿はオモリ負荷30号1・8〜2・4《メートル》。手持ちで釣ることや小さなアタリを取るためには軽量で先調子のものがいい。

リールはドラグ性能がいい中小型の両軸リールに、ミチイトPE2〜4号を100〜150《メートル》巻いておく。この釣りはゲストにマダイやメジナ、時にはシマアジなど引きの強い魚がヒットするので、ドラグ性能が高いものを使いたい。

【テンビン・コマセカゴ】

腕長30〜40《センチ》の中型片テンビンに船宿で指定されたプラビシを装着する。これに1・5〜2《ミリ》径のクッションゴムを30〜50《センチ》介す。

【仕掛け】

吹き流し仕掛けで、ミキイト・ハリスともフロロの1・5〜2号3本バリが標準。全長は3〜3・5《メートル》が房総などでは一般的だ。ハリはムツ9号またはチヌ2号前後。夜光玉やカラービーズなどは好みでハリのチモトに。魚にアピールするだけでなく、水中での潮乗りがよく、早くハリ

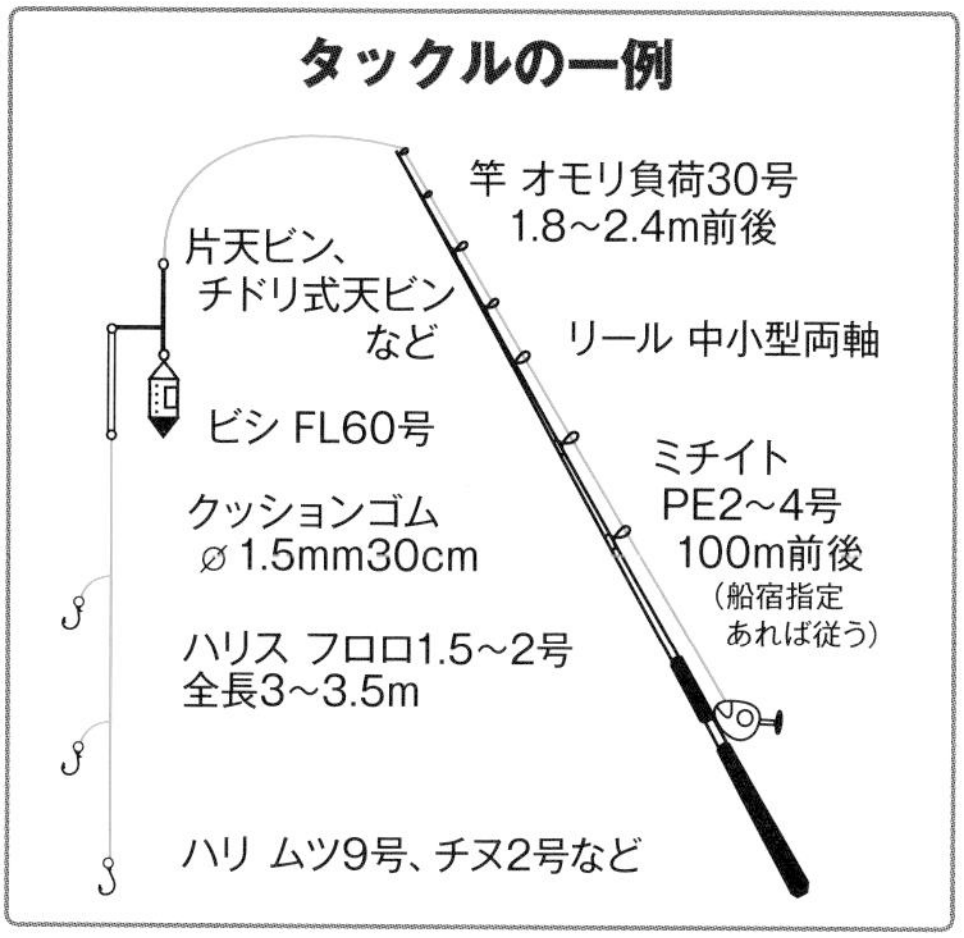

スがなじむことも効果につながる。

【エサ】

房総や東京湾では、コマセはアミエビ。付けエサはエリアや船宿によりさまざま。人工エサを切ったものやイカ短、オキアミ、カラーバリで狙う場合も。前者のふたつは、1〜2《ミリ》の四角柱または円柱を1《センチ》前後に切って使用する。

釣り方

重要なのはPEのマーカーで海面から正確にタナを取ること。タナ指示はそれぞれだが、「22の20」と指示があれば、海面から22《メートル》までビシを落として、コマセをまきながら20《メートル》まで巻くという意味だ。

誘いは、竿を上下に振る幅やスピード、ポーズを活性に合わせて行なう。高活性時は、振り幅を長く、速めに、ポーズは短めに。食い渋り時はその逆。竿を振ることばかりに気をとられ、しっかりポーズを入れないとビシが暴れるだけで魚を散らしてしまい逆効果。

大型ほどアタリは繊細。竿先のモタレに対して軽く竿先を送り込むと食い込むこともある。魚が掛かったら無理は禁物。ハリス切れを起こさないように、リールのドラグは軽くミチイトを引くとするっとイトが出る程度に調整しておこう。

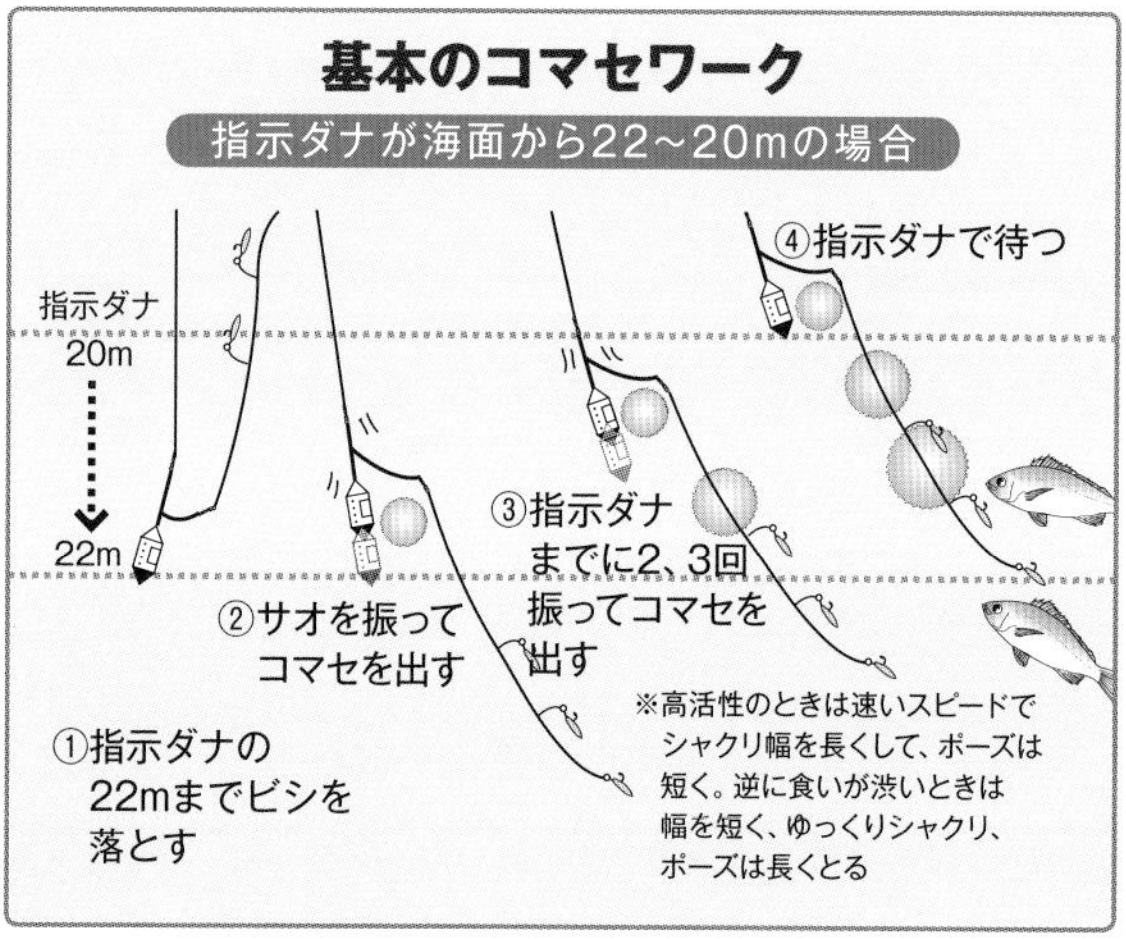

浅場で手軽に数釣りできる冬の好ターゲット
オモリを底すれすれにキープが基本 初心者には胴突き仕掛けが◎

標準和名はシログチ。周年狙えるが、多くの船宿の釣り物に上がってくるのは春と秋～冬。シロギスのような手軽さがありながらアタリ方が派手で、10尾程度でも十分なおかずになるうれしいターゲットだ。

タックル

【竿・リール・ライン】

専用竿はなく、汎用性の高い小物釣り用で十分に対応可。しかし、派手な前アタリを消さず、違和感なく食い込ませるためには、竿先が柔軟で胴調子なものがいい。6対4～5対5調子で、長さは2・4～2・7メートル。オモリ負荷20～30号のライトタックル用やメバル用が好適だ。2メートル程度のキス竿でも対応できる。

船下狙いになるため、PE1～2号を100メートル巻ける小型両軸リールが扱いやすい。冬季は水深50～60メートルを狙うことがあるので、コンパクトな小型電動リールも力強い。昨今は浅場でも使う人が増えている。

ベテランのなかには、食い込みのよさとクッション性から、ナイロンを巻いたスピニングリールを使用し、キャストして広範囲を狙う人もいる。

【仕掛け】

専用の仕掛けは胴突

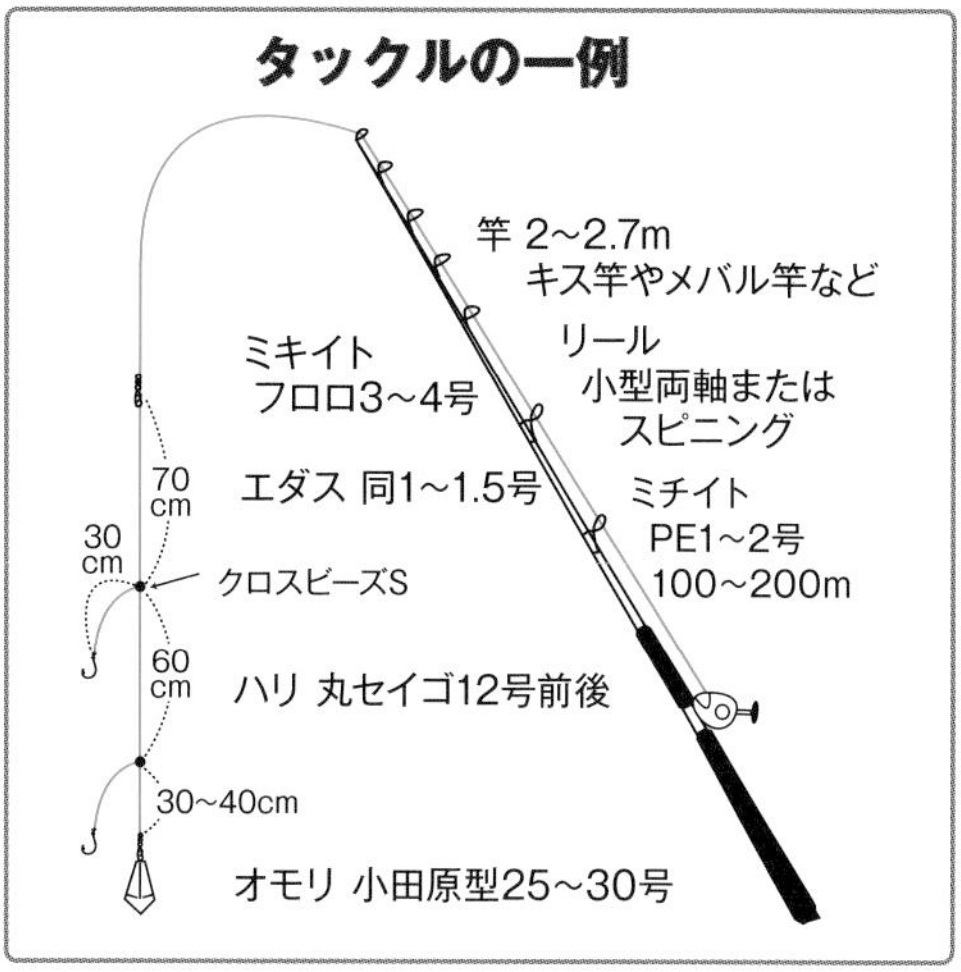

きスタイル。ミキイトはフロロ3〜4号で、エダスは同じく1〜1・5号を30㌢程度でセットした2〜3本バリ。エダスの接続には、交換可能なSサイズのクロスビーズなどを装着したい。

ハリはムツ12号前後のほか、丸セイゴの12号前後。根掛かりでハリ先が甘くなったり、ハリスが縮れることもあるため、交換用にハリス付きの予備バリを準備しておけば万全だ。

オモリは小田原型などの25〜30号を使用。

【エサ】

アオイソメとジャリメが主として使用される。どちらもハリ軸に対してまっすぐに装着することが重要。タラシは4〜5㌢程度。アオイソメの頭は硬く、食いが悪くなるので1㌢ほど切り落として使用する。食いがとても悪いときは、タラシを7㌢くらいまで長くしたり、太いエサを使ってアピールしたりするといい。

釣り方

船海底の起伏に合わせて、オモリが船の揺れでトントンと底をたたく位置をキープするのが基本。極端に誘うことは不要だが、ゆっくりと竿を持ち上げて50㌢〜1㍍聞き上げたり落とし込むと有効なことがある。

最初のアタリは、派手に竿先をたたくように出る。しかし、ここでアワセを入れてもハリ掛かりすることは少ない。ガガッという前アタリが出たら、そのアタリを消さないよう、ゆっくりと聞き上げていくと、魚は追い食いしてくる。

そして、魚が反転して竿先が持っていかれたところでハリ掛かりするイメージ。向こうアワセだが、前アタリを消さないように待つことが大切だ。

掛かると力強い抵抗を見せるので、竿を立てて構え、竿の弾力を生かしながら一定のスピードで巻き上げる。

第4章
沖釣り魚種別釣法
オニカサゴ

美味しいものにはトゲがある
こまめなタナとりが必須 見た目に似合わずアタリは繊細

釣趣も楽しめ、食しても美味しいオニカサゴ。標準和名は「イズカサゴ」で、30～40センチ超えの中～大型は主に岩礁帯の水深80～200メートルに生息している。冬場の釣り物という印象が強いが、夏も十分釣果が出る好ターゲットで、とくに夏の澄み潮がナギもあいまって釣りやすい。

タックル

【竿・リール】

竿は軽量かつ感度のいい穂先が理想。全長1・8～2メートルが扱いやすいだろう。長さと調子から、ヤリイカ用やアジのビシ竿で代用できる。

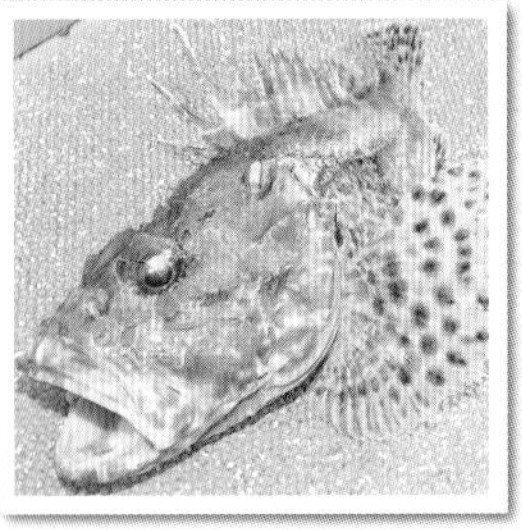

リールは、PE4号が300メートル以上巻ける中型電動。誘い続けることを考えると、軽量コンパクトが望ましい。

【仕掛け】

片テンビンを使用した吹き流し式の2～3本バリ仕掛け。ミキイト、エダスとも6～8号。ハリはムツ16～18号程度。オマツリ防止のためハリ数やオモリ号数は予約時に確認しよう。

【エサ】

一般的に船宿で支給されるのは、サバの切り身。ほかにイカや鮭皮、シイラやアナゴなどを使う。いずれも1～1・5センチ幅、長さ7～12センチほどにカット。海中でひらひらと漂わせるために身は薄く削ぐ。付け方は皮側からチョン掛け。海中で回らないように、先端中央部に刺す。

釣り方

【タナ取り】

オモリが着底したら、すばやくイトフケを取る。タナは底からハリスの長さぶんを目安に50センチ～2メートル前後。潮が速ければ低め、緩ければ高めに。下バリが底スレスレになるようなイメージだ。

船が流れていくと、水深は刻々と変化する。急なカケアガリだったり、潮流が速いときは、より早いペースで底を取り直そう。これを怠ると、エサが底から離れすぎたり、根掛かりが多発してしまう。

【誘い】

竿先をゆっくりと大きく上下。エサが新しいところに入ることで、魚に遭遇する確率を高めるのだ。釣果に大きな差が出るので、ひとつの誘いに固執せずさまざまな誘いを試してみよう。

【アタリ～取り込み】

意外と小さいアタリが多い。アタリがあったらゆっくりと聞き上げ、ヒットしたら低～中速くらいで巻き上げる。オニカサゴは水圧に強く、海面に上がるまでに強い抵抗をみせるので、引きや波の動きに合わせて対応。最後はタモ取りすること。

タックルの一例

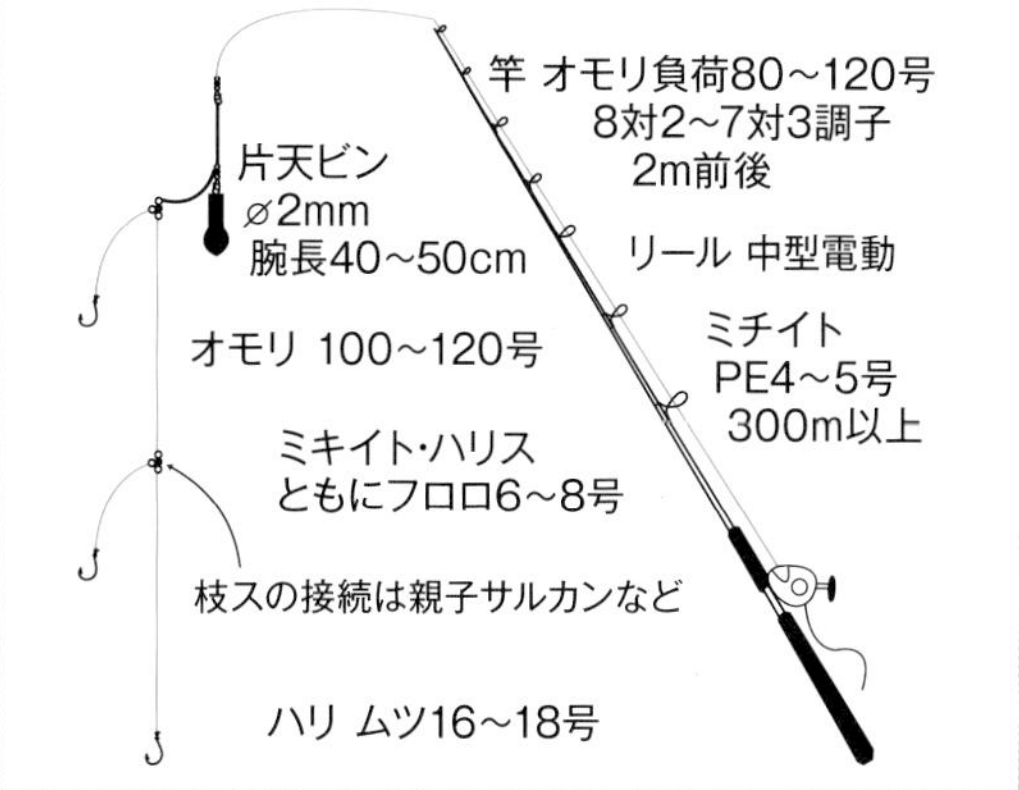

タナ取りのイメージ

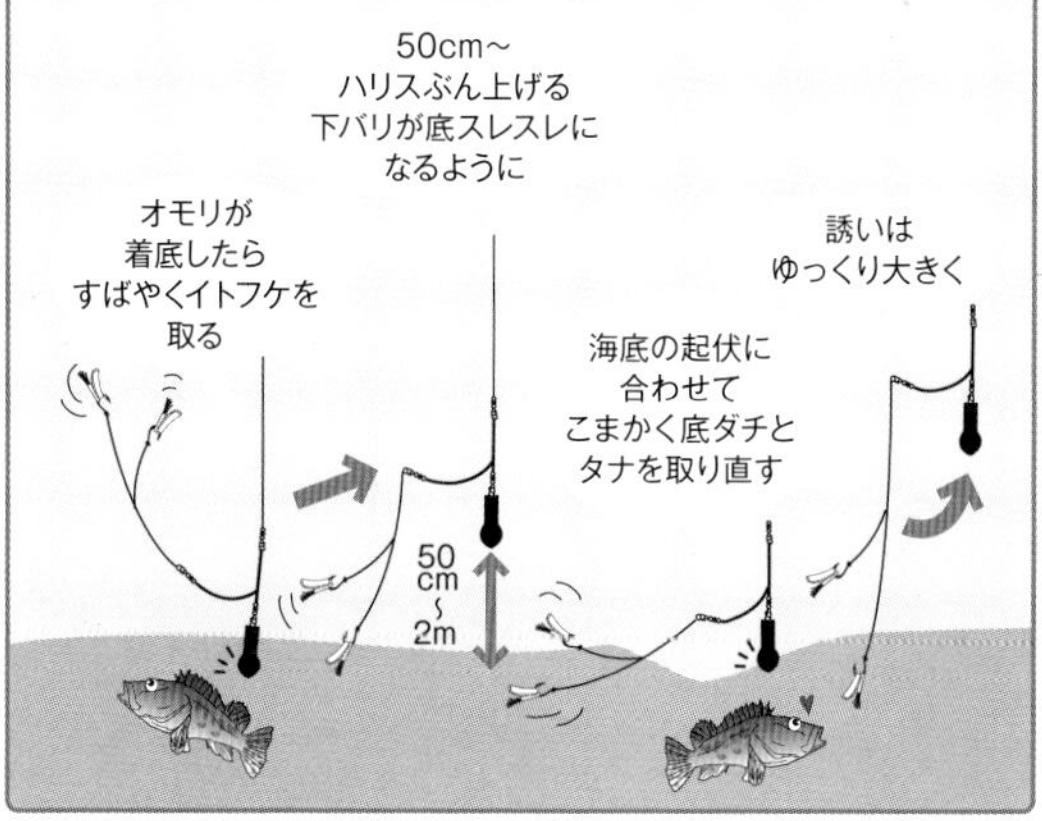

お手軽に力強い引きを楽しめる!
仕掛けを根に沿わせるイメージで操作して魚の目の前にエサを持っていく

浅場で力強い引きが釣り人を魅了するカサゴ。気軽に狙えて、食べて美味しい人気の根魚だ。

タックル

【竿・リール・ライン】

竿は専用のものが販売されておらず、ゲームロッドが使いやすい。7対3くらいの先調子で、胴のしっかりしたタイプを選びたい。良型が掛かると根に潜られてしまうことは多く、それを回避できるパワーを備えたものがオススメだ。

つねに手持ちで底を頻繁に取り直す釣りなので、リールは小型で軽量な両軸が最適。PE1~3号を100メートル《メートル》巻いてあればOKだ。細すぎると、オマツリや根掛かりで高切れのリスクが大きくなる。

【仕掛け】

胴突き2~3本バリで、ミキイト3号、ハリス2~3号前後、ハリはムツや丸セイゴの14~15号が一般的。エダスの長さはそれぞれだが、30センチ《センチ》前後の長めにして、エサの動きを自然に見せると食いがいいことも。ミキイトはハリスより太くし、根掛かりしてもハリスが切れるようにする。

ミキイトとエダスの接続は、トリプルサルカンやヨリトリビーズ、自動ハリス止めが便利。ハリス付きのハリの予備を多数用意し、切れたらすぐに交換できるようにする。

オモリはエリアによって異なるので釣行前に電話で確認

しておこう。

【エサ】

サバの切り身などを使用。船宿で用意されていることは多いが、持参する場合は幅1チセン、長さ4～5チセン、厚さ5ミリ前後の長方形に切りそろえる。いびつな形だと水中で回転し、ハリスがヨレる原因になるので要注意。ちなみに、活ドジョウや冷凍イワシなどは大型実績が高い。

エサは、上端から3～5ミリの中心部に皮面からハリを刺す。こうすることで、水中で回転することを防ぎ、フワフワと漂いアピール力が増す。

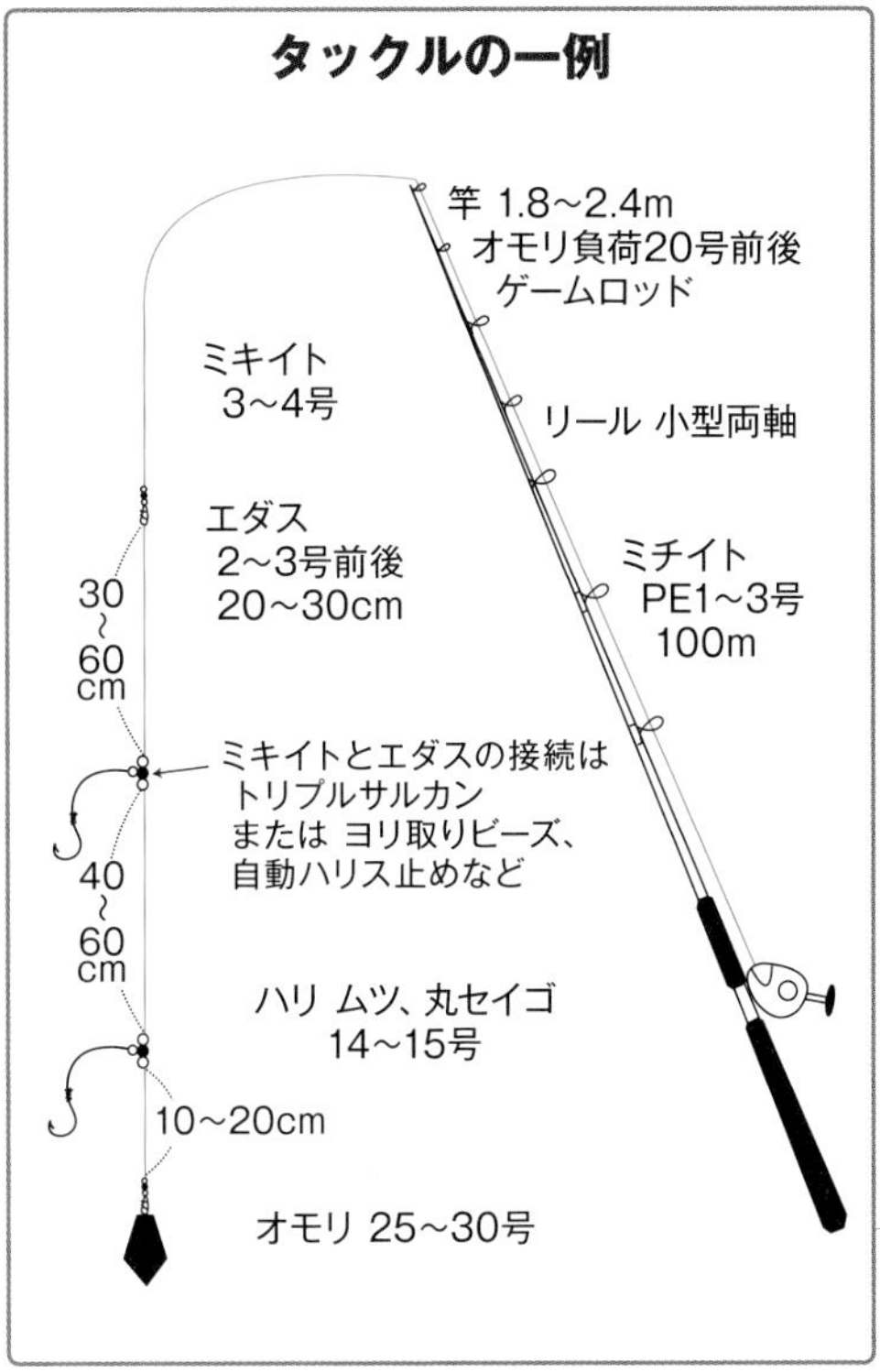

釣り方

岩陰などに身を潜め、目の前にきたエサを捕食する。魚の目の前にエサを持っていくことがポイントだ。

オモリを底から5～10チセン上げ、底に着かず離れずの位置を保つ。アタリがなければ、ゆっくり竿を持ち上げてエサを躍らせ、ふたたび底上5～10チセンでアタリを待つ。持ち上げる動作は誘いになるのはもちろん、次のポイントに仕掛けを入れる意味があるため、かならず行ないたい。活性が低いときは仕掛けをたるませるのが有効。根掛かりを恐れず、エサをより魚の目線に近づけたい。

アタリは竿先にゴンゴンと明確に出る。強く大アワセしたくなるが、ゆっくりと竿を聞き上げて重みを感じたところでハリ掛かりさせよう。待ちすぎると根に潜られてしまうので要注意。また、空振りしたとしても、エサが残っていれば落とし直せば再度アタックしてくることがある。

エサ取り名人と真っ向勝負！
底付近のタナをキープしつつ誘う「聞き釣り」が基本釣法。ハリ先のチェックをまめに

「エサ取り名人」の異名を持つカワハギ。繊細な釣り味と競技性の高さ、そして食味のよさで人気のターゲットだ。基本を身につけて、キモのたっぷり詰まった〝キモパン〟を狙おう。

タックル

【竿・リール・ライン】

小さなアタリを取って、アワセのタイミングを知らせてくれるのが専用竿。そのアドバンテージがあるかないかでは、釣果に大きな差が出る。入門者や初心者であればなおさらで、この釣りにおいては専用竿の使用がマストだ。長さは1・8メートル程度で、調子は9対1〜8対2が一般的。

リールはPEライン1号前後を200メートル程度巻ける小型両軸。ミチイトの先には穂先へのイト絡みの防止と根掛かり時のミチイトの高切れ防止を兼ね、フロロカーボン3〜4号を1・5メートルほどリーダーとして結んでもいい。

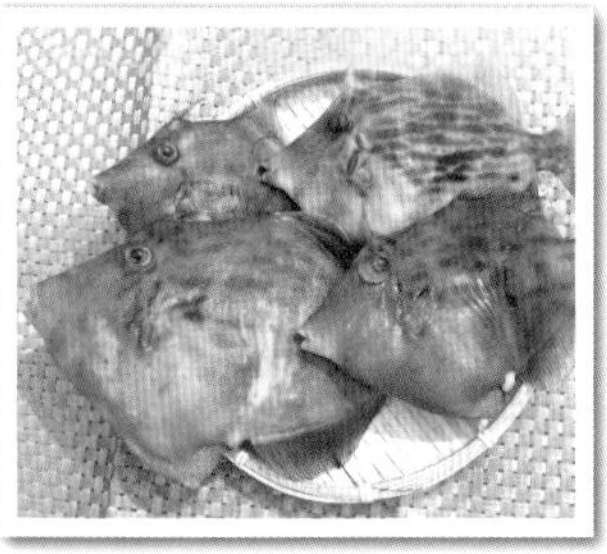

【仕掛け】

胴突きの3本バリが基本。市販仕掛けもほとんどがこの仕様で、完成度も非常に高い。枝間の長さが異なるものや、アピール系のアイテムが付いたものなど、自分好みで買いそろえてみてもおもしろい。

また、ハリの形状も多岐にわたっており、近年はハリス付きで販売されているので、ハゲバリ系、クワセ系など、タイプの異なるものをサイズ別に準備しておけば万全だ。

タックルの一例

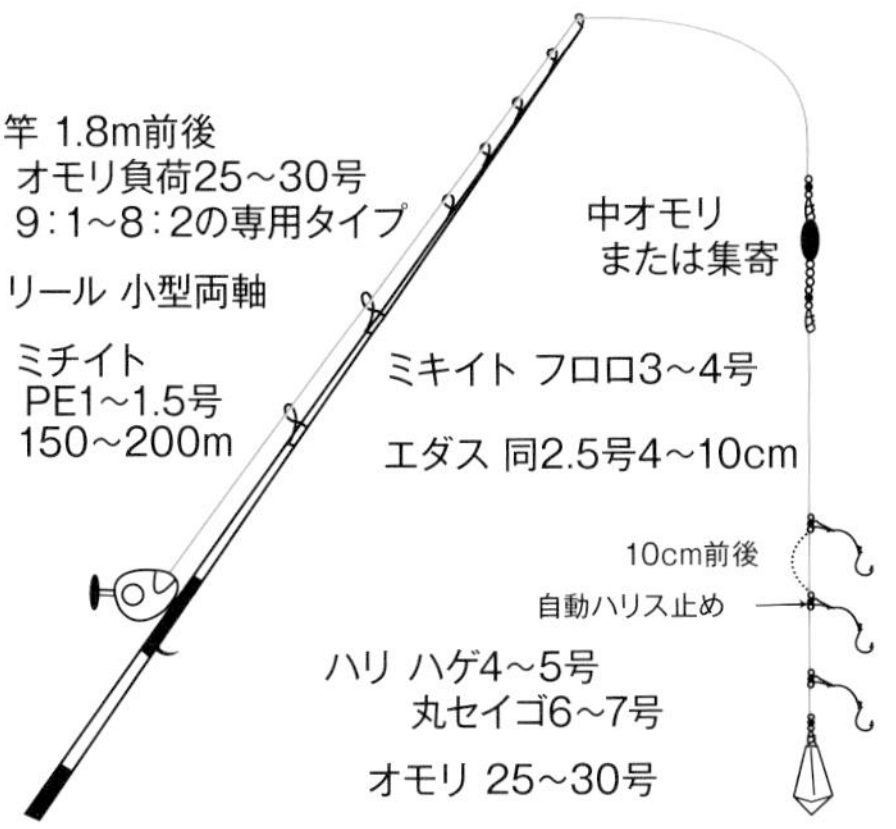

オモリは船宿で指定されることが多く、25~30号を準備しておけばいい。また、仕掛けの上部には中オモリや集寄を装着すると効果的な場面もあるが、アタリがわかりづらくなるデメリットもあるので好みで。

釣り方

活性や地形状況によってさまざまな釣り方が求められる。しかし、どのような状況でもベースとなっている基本釣法となるのが、聞き釣りと呼ばれる誘いだ。底から30~50㌢ほどの幅で仕掛けを上下に誘い、ときおりオモリで底をトントン。船が風や潮流で移動するなか、水深の変化に合わせながら、つねにカワハギの主たる泳層となる底付近のタナをキープしつつ誘っていくことができる。

魚の活性が高ければ、この上下の誘いのスピードを速めてアジャスト。一方、活性が低いときは、誘いのスピードを緩くしたり、オモリを底に置いて、仕掛けのテンションが緩まず、張りすぎない通称「ゼロテンション」の状態をキープ、アタリの出方を探っていこう。

この聞き釣りをベースに、仕掛けの上部に1号程度のカミツブシタイプの軽量オモリを装着すれば、下オモリは底に付けたまま、竿先をたたいて仕掛けを躍らせるタタキ釣り。その装着したオモリの重さで仕掛けを潮に乗せてたるませれば、タルマセ釣りへと移行することが可能で、同じ誘いではアタリが遠くなったときには、さまざまな誘いを織り交ぜてアプローチする。

アタリはカツンとか、コッと単発的に出ることが多い。ハリが口の中に入ると、それが断続的に出るようになる。このアタリの変化を感じたら、魚の重みを竿へと乗せ込むようにアワせ、一定のスピードで巻き上げればいい。

また、まめなエサをチェックも大切。ハリ先のチェックを心がけることも本命への近道となる。

第4章 沖釣り魚種別釣法

ショウサイフグ

カットウ仕掛けで狙う美味魚 オモリを底付近をキープすることが基本 アワセは乗せるイメージで竿をシャクる

茨城や房総でカットウ仕掛けを使った独特の釣趣を楽しめるショウサイフグ。食味は刺し身、鍋、空揚げ、天ぷらなどいずれも絶品。フグを看板にする多くの船宿では、処理をする免許を持っている人が魚をさばいてくれるので手間もかからない。

タックル

【竿・リール・ライン】

終日手持ちでシャクり続けるため、竿は持ち重りしない軽量なものが理想的。専用竿はあるが、代用するならカワハギ用や硬めのキス、マルイカ用、LTゲーム用も十分に対応可能だ。

リールはクラッチ操作をしやすい小型両軸。なるべく速い巻き上げができるギヤ比の高いものがいい。ミチイトにはPE2～3号を100～200㍍ほど巻いておく。

【仕掛け】

25～30号のオモリ部分から、エサを付けるための親バリ(テンヤバリ・エサバリ)、フグを掛けるためのカットウバリを接続。親バリは固定と遊動式があり、カットウバリには1段と2段式がある。後者は上のハリで掛け損なったのを下のハリで掛けるという保険的な要素がある。掛かる確率は明らかにアップするが、そのぶん根掛かりや仕掛けが絡みやすくなるリスクはある。

フグの噛む力は驚くほど強く、普通のハリスだけでは簡単に噛み切ってしまうため、これを防ぐためには透明のビニールチューブを通して保護する必要がある。初めのうちは船宿に常備している仕掛けを購入するか、市販されているものを使うのが無難だ。

【オモリカラー】

定番のアオヤギカラーのほかにブラック、ピンク、ゴールド、夜光グリーンなどさまざま。早朝や曇天、濁り潮のときは夜光グリーンかホワイト。晴れで明るい潮にはアオヤギカラーやピンク、ゴールドを目安にするといい。

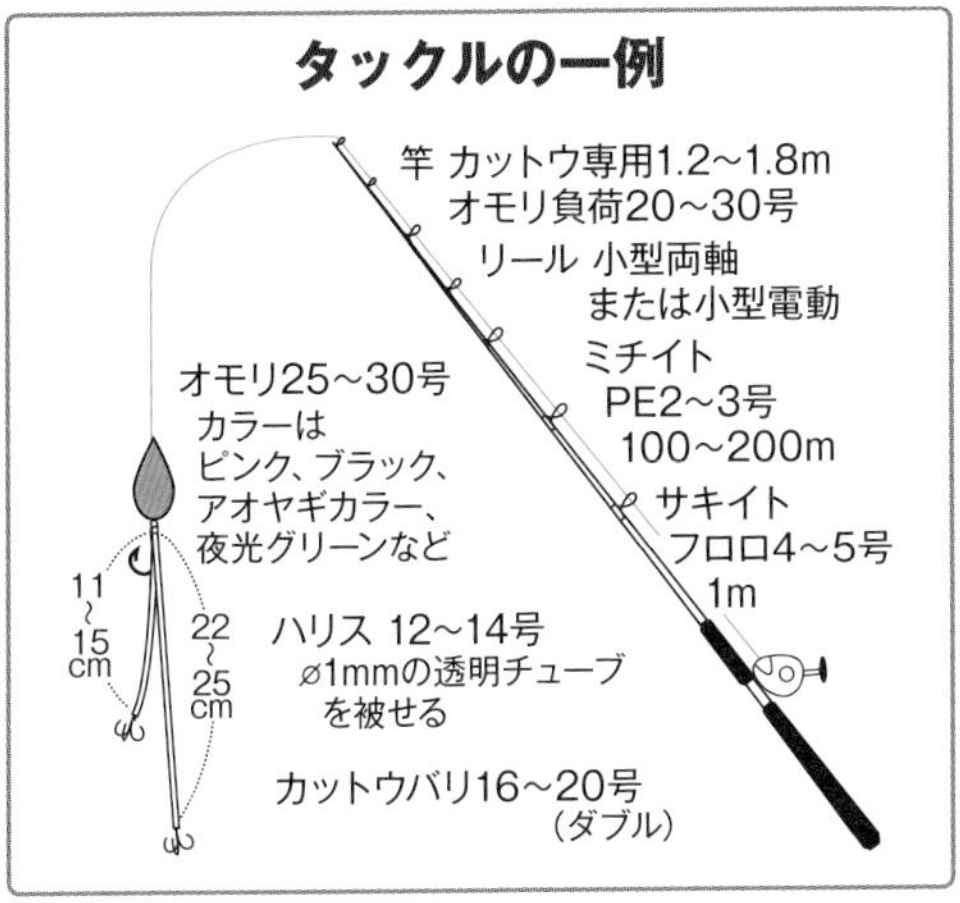

【エサ】

エサはおもにアオヤギのむき身を使う。装餌方法は、ワタ（黒い部分）からハリを刺し、次にベロ（橙色）の部分を縫い刺しにし、ハリ軸の上にこき上げる。同様の手順で2～5粒ほど付ける。

釣り方

合図があったらオモリを持って、振り子の要領で軽く振り込む。こうすることで、オモリとカットウバリが横一線になる。

通常、ショウサイフグの生息域は底近くなので、オモリを底周辺にキープすることが基本。タナを切りすぎるとまったくアタリが出なくなり、オモリが底べったりでは、エサをついばんだときのシグナルが伝わりにくい。「オモリが底に着くか着かないか」の微妙な位置がベストポジション。これをできるだけキープして、竿先に神経を集中してシグナルを待とう。

アタリはコツコツとはっきりと現れることもあるが、モゾモゾ、フワフワ、またはジワッとモタレのみを感じるなど千差万別。

アワセは30センチ（だいたいハリスぶん）の幅でキュッと魚を乗せるイメージで竿をシャクる。大きく派手に動かすと、せっかく寄ってきているフグを散らしてしまうので要注意。魚が掛かったら一定のスピードで巻き上げよう。

初心者や親子連れに最適なターゲット
仕掛けをキャストして広く探ると有利 ゆっくり誘ってアタリが出たら聞きアワセ

沖釣りターゲットのなかで、手軽に狙えるシロギスは初心者や子どもに好適。食味もすばらしく、初めてにもってこいだ。

タックル

【竿・リール・ライン】

竿は専用のものが多数販売されているが、初めて購入するならエントリーモデルで十分。使用するオモリの号数は10～20号前後のため、その範囲のオモリ負荷を持った長さ1・8～2・1メートル前後のものをセレクトしよう。調子は8対2～7対3程度で、穂先がしなやかかつ、感度のいいものほど、アタリが取りやすい。リールは仕掛けの投入や回収がスムーズに行える小型のスピニングリールを使用。使用するミチイトはPE0・8～2号。下巻きを含めて100メートルほど巻けるキャパシティがあれば問題ない。

【仕掛け】

テンビンまたは胴突き。テンビンはさまざまな種類があるが、オススメは固定式のシンプルなもので、腕長10～15センチ前後が絡みが少なく、扱いやすい。仕掛けは、フロロ0・8～1・5号を使用した全長60センチ～1メートル程度。ハリには流線や競技キスの7～8号の2本バリ。胴突きはミキイトがフロロ2～3号で40～60センチ程度。オモリの上部約10センチ前後からフロロ0・8～1・2号で20～30センチのエダスを出し、ハリは同じく流線や競技キスの7〜8号が一般的。オモリは船宿から指定があれば、それを基準に10〜20号を複数用意しよう。

【エサ】

船宿支給のアオイソメやジャリメを使うことがほとんど。できるだけまっすぐ通し刺して1〜3㌢垂らす。

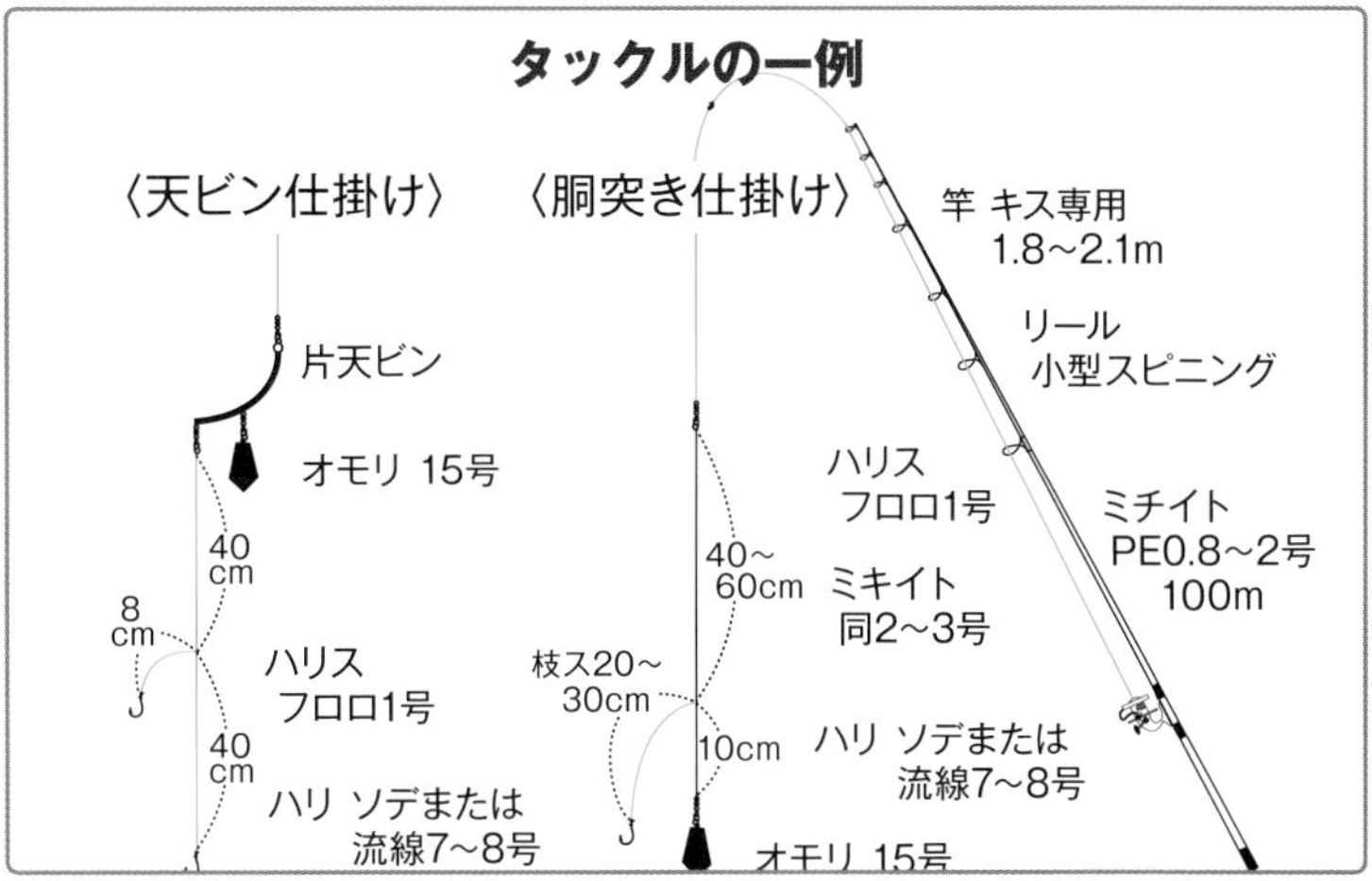

釣り方

仕掛けをキャストして広範囲に探ると有利。投げる際は、危険防止のため、かならずアンダースローで行なう。着水直前にスプールのイトの放出を止めると、仕掛けが前方に放り出され、テンビンとの絡みを防げる。オモリが着底したら、余分なイトフケを回収。0・5〜1㍍の幅でオモリが海底をはうように仕掛けをサビき、エサをアピールする。

アタリは〝ブルンッ〟と明確に伝わることが多く、初心者にもわかりやすい。ひと呼吸おいて、すーっと竿先を立ててアワせる。ハリ掛かりしたら一定速度でリールを巻き上げ、船内に抜き上げるように取り込む。

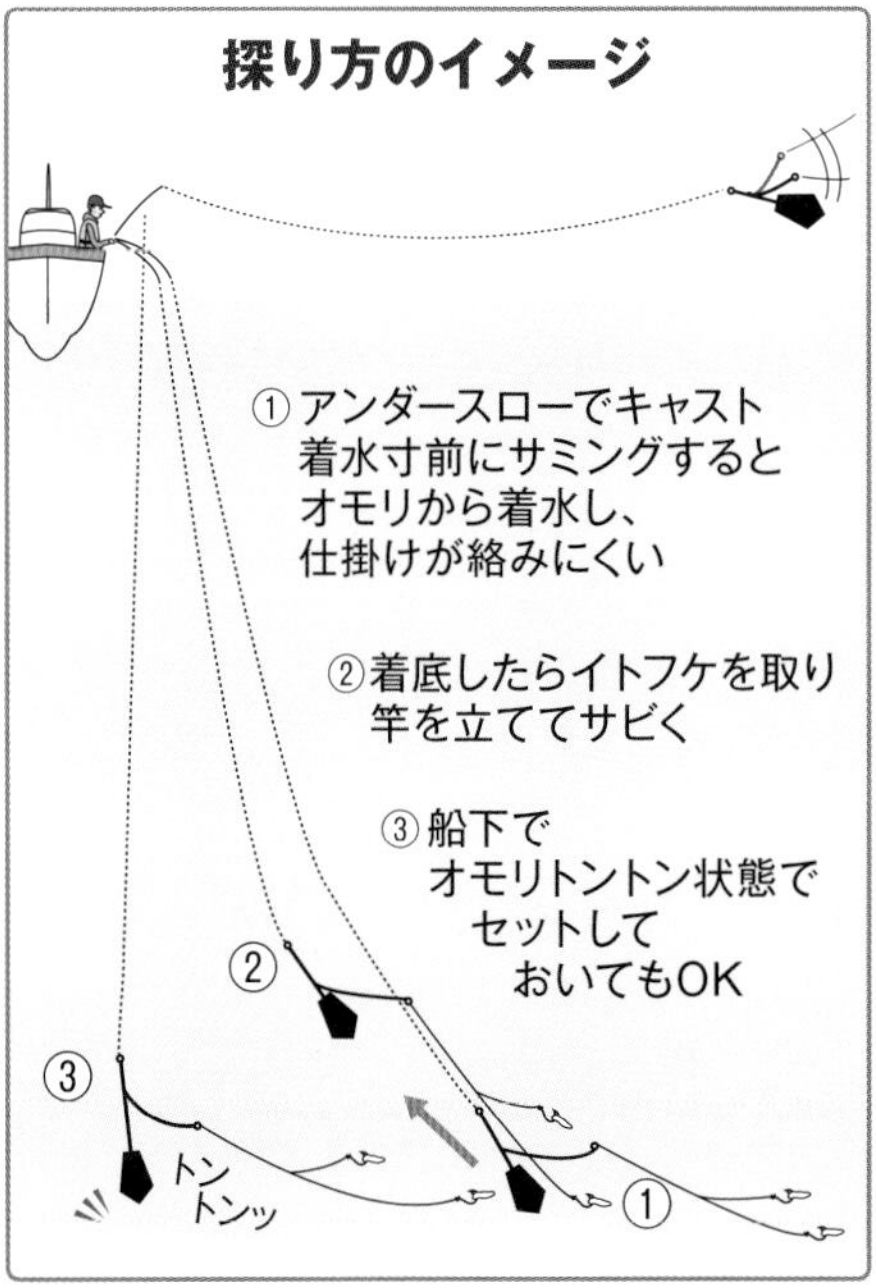

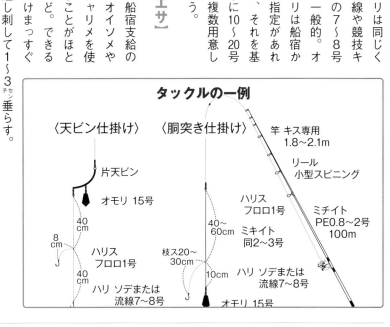

第4章
沖釣り魚種別釣法
タチウオ

ハリ掛かりまでの攻防が楽しい！
トラブルが少ない1本ハリがオススメ
アタリがあっても誘い続けて食い込ませる

周年人気のテンビン仕掛けで狙うタチウオ。気まぐれな魚のヒットパターンを見つけて掛けるために、柔軟な思考・対応力が求められるゲーム性が高い釣りだ。ここでは東京湾での釣り方を紹介する。

タックル

【竿・リール・ライン】

竿は専用竿がベストだが、オモリ負荷30～60号2メートル前後のコマセシャクリ竿や、ライトゲーム竿でも対応可能。少しオモリ負けする程度が食い込みはいいが、軟らかすぎるとハリ掛かりしにくい。

冬場は水深100メートル以上を狙うことがめずらしくないので、リールはPE1・5～3号を200メートル以上巻ける両軸または電動リールを準備。船宿によってはミチイトの太さを指定していることがあるので確認しよう。

【仕掛け】

2本バリ仕掛けもあるが、トラブルが少なく集中しやすい1本バリ仕掛けをオススメする。ハリはワームフックの2／0～3／0のケン付きなど。歯が鋭い魚なので、ハリの接続部は15～20回編み付けにし、直径3ミリのカラーチューブ（オレンジ、グリーンなど）を2～3センチ被せる。

オモリはPE2号までなら60～80号、3号なら80～100号を使う。オマツリ防止のために船宿指定の号数を厳守すること。

【エサ】

船宿で用意されるのは幅12～13ミリ、長さ5～6センチのサバの短冊が一般的。付け方は皮側の端中央部にハリを刺して、ハリ軸上部へこき上げ、「身→皮→身側」へ、ていねいに3回縫い刺しにする。海中でエサがクルクル回るとハリスがヨレてしまい、食いが落ちるので短冊の中央に沿ってまっすぐに縫い刺す。

タックルの一例

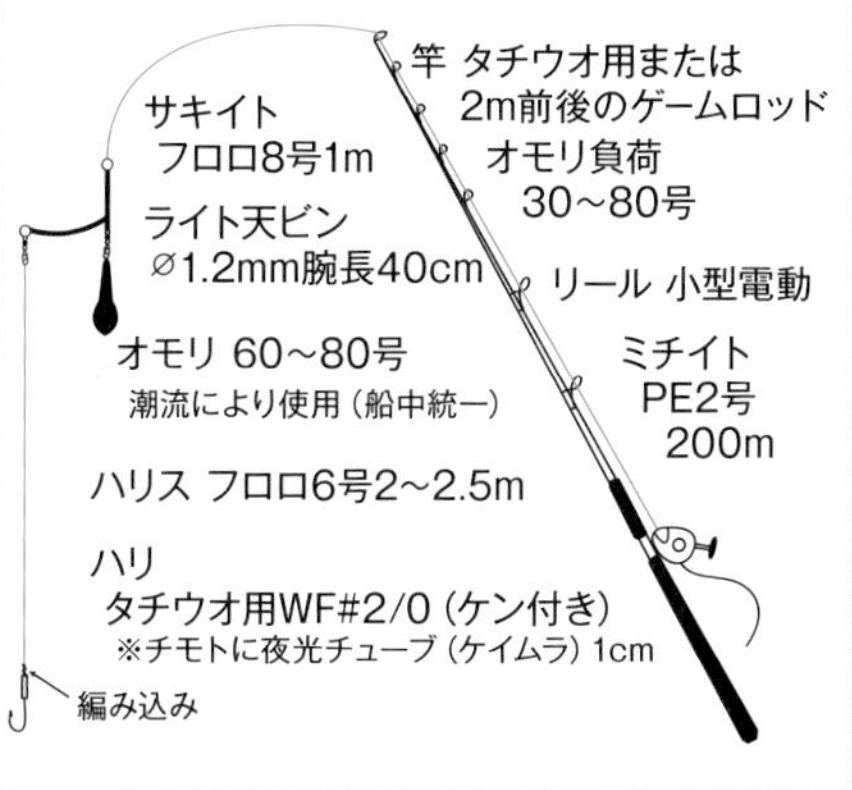

釣り方

【投入～誘い】

ハリスを先に入れたら竿の弾力を活かし、オモリを前方へ投入する。潮流が速いときはサミングをして、ミチイトを立て直しながら送り込む。

オモリが着底したらイトフケを取り、指示された下ダナまで巻き上げ、そこから上ダナまで丹念に誘いながら探っていく。

竿先を海面から50センチほどシャクり上げ、リールを4分の1～2分の1巻き取りながら竿先を海面に戻す。ふたたび誘い上げを繰り返し、リズミカルに探り上げる。速さや強弱を変えながら、いち早く状況にあった誘いパターンを見つけ出すことだ。

【アワセ～取り込み】

誘いの途中でクックッとアタリが訪れるが、ここでアワせてもハリ掛かりは少ない。食い込ませるにはアタリがでても手を止めず、そのまま誘い続け、グッと食い込みのシグナルが出たところでアワせる。

ハリ掛かりすると強烈な引き込みが訪れる。これを竿の弾力で受け止め、中速以上のスピードで巻き上げる。

海面下に天ビンが見えてきたら巻き上げを止め、竿を立てながら引き寄せて、サキイトをつかみハリスをたぐる。できるだけ魚に近いところを持って一気に抜き上げよう。

活性の高い夏場は数釣りのチャンス
すばやいエサ付けが大事
エサの泳層をイメージしてタナ取り

船の泳がせ釣り入門に最適なヒラメ。活きエサならではの釣り味を楽しもう。

タックル

【竿・リール・ライン】

竿は2・4～3《メートル》で6対4調子の専用設計のもの。横流しの場合、これよりも短いと潮上時にオモリが浮いてタナが取りづらくなるため、3～3・6《メートル》を好む人もいる。ポイント釣りの場合、2・4《メートル》前後のゲームロッドで試してもおもしろい。

リールは中型両軸で、PE2～3号を100《メートル》巻く。電動を使う人もいるが、水深がそれほど深くないため、手巻きで対応できる。

【仕掛け】

取り込みやすさやオマツリ防止のためにサキイトとしてフロロ7～8号1～1・5《メートル》をミチイトに直結。

ハリスは5～6号60～80《センチ》。

ハリはエサの口に掛ける親バリと、尻付近に掛ける孫バリ。この間隔はエサの大きさに合わせて15《センチ》前後。前者は伊勢尼11～13号、後者はチヌ6～7号。孫バリはトリプルフックやチラシバリもある。

オモリは60～100号。釣行前、船宿に確認しておく。

【エサ】

エサはイワシ。暑い日は弱りやすいのですばやいエサ付けを心がける。

釣り方

【タナ取り】

仕掛けを投入、着底したらイトフケを取り、イワシが底上0・5〜1《メートル》を泳ぐようにイメージしてタナ取りをする。ステイトが0・8〜1《メートル》と長めの場合は、オモリがトントンと底をたたくように調整するといい。濁り潮のときや低活性時は低め、澄み潮のときや高活性時は高めにタナ取りするのがセオリーだ。

【アタリ〜取り込み】

竿がグッと曲げられる明確なものから、モゾモゾ、コツコツとした小さいものまで多彩。ヒラメはエサを数回に分けてくわえ込むので、早アワセは禁物。イトを送り込んだり、ゆっくり聞き上げたりして本アタリを待ち、大きく引き込まれたらアワせよう。

掛かったら竿を水平以上に保ち、テンションをキープして巻き上げる。取り込みはタモを使おう。

タックルの一例

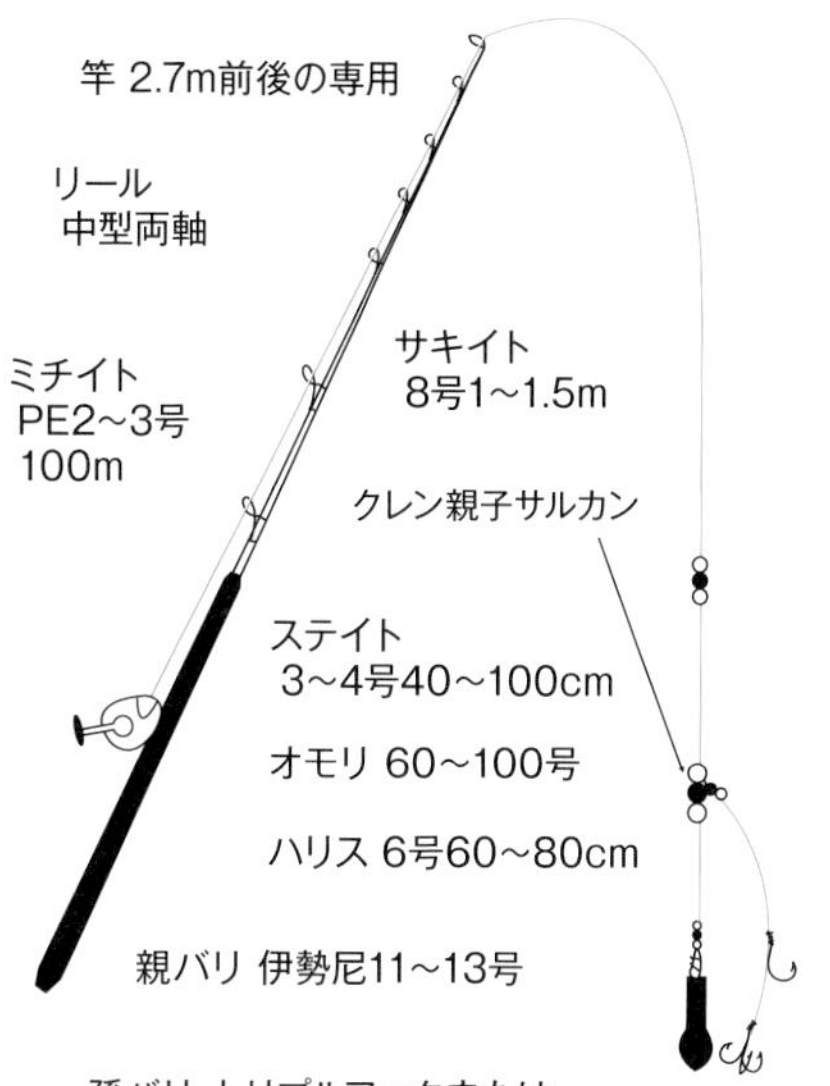

タナ取りのイメージ

通常(あまり根掛かりがない場所)はエサのイワシが底上50cm〜1mの範囲を泳ぐポジションを保つ

※ときおり底ダチを取り直す。これは格好の誘いにもなる

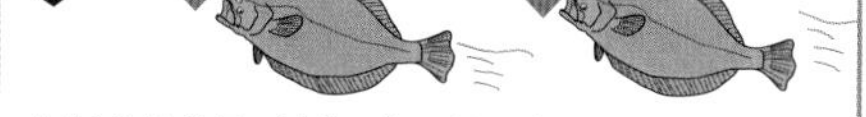

魚礁や沈船、荒根の上を釣る際は、さらに高いタナ取りが必要。船長からも指示が出るのでそれに従う

第4章
沖釣り魚種別釣法
マゴチ

シンプルな道具立てで大物と渡り合う
アタリから掛けるまでの駆け引きが醍醐味
好釣果を出すにはこまめなタナ取りが大切

エ水深5～30メートルほどの砂地や砂泥底に生息しており、フラットフィッシュの名のとおり平べったい独特な魚体をしている。甘みのある白身は「夏フグ」の名に恥じぬ絶品。刺し身や煮物、バター焼きなどで満喫できる。

タックル

【竿・リール・ライン】

最近は少なくなったが、置き竿の場合、船の揺れを吸収できる6対4調子で2・4メートル前後の専用竿がいい。ただし、軟らかすぎるものはアワセが効かないので初心者には不向き。手持ちの場合は、扱いやすくタナ取りが苦にならない1・8～2・1メートルで7対3調子の専用竿やライトゲーム用、シロギス竿が好適。

リールは小型両軸がメイン。ドラグ性能がいいものを選び、PE1～2号を100メートルほど巻いておけばOK。

【仕掛け】

中オモリは10～15号が基本で、三日月型オモリやイカ用などシンプルなものが潮に流されにくく人気がある。ハリスはフロロ5～6号を1・5～2メートル。ハリは活エビを使うならマゴチやスズキの16～18号。普通はチモ

ト下にイトオモリを5～10回巻き付け、海底でエビを安定させる。一方、エサにハゼなどを使うときは、カイズ14号やヒラメ16号、チヌ6号前後がいい。

釣り方

こまめなタナ取りが大切。とくに起伏が大きい場所ではエサの泳層をキープすることにつながるため重要。また、平坦な場所でもアピールになって効果的だ。

タナ取りの方法は、着底後ミチイトのマーカーを使ってハリス長さの半分から全部を巻き上げる。ハリス1・5《メートル》なら着底後0・75～1・5《メートル》巻いて待つ。エビエサなら少し高く、ハゼなどの場合は少し低くに設定するといい。潮流の状況によっても変動するので、船長に確認すれば確実だ。

アタリから掛けるまでの駆け引きは、この釣りの醍醐味。置き竿にしていて見逃さないように。まずコンコンと竿先に前アタリが表れる。ここであわてアワせず、魚の引きに応じて竿を送り込んでじっくり待つ。グーッと重量感のある本アタリがでたらしっかりアワせる。口は硬いので貫通させるイメージを持つといい。

掛かったら竿のしなりとリールのドラグを生かして強い引きに耐え、巻き上げる。取り込みはかならずタモを使う。

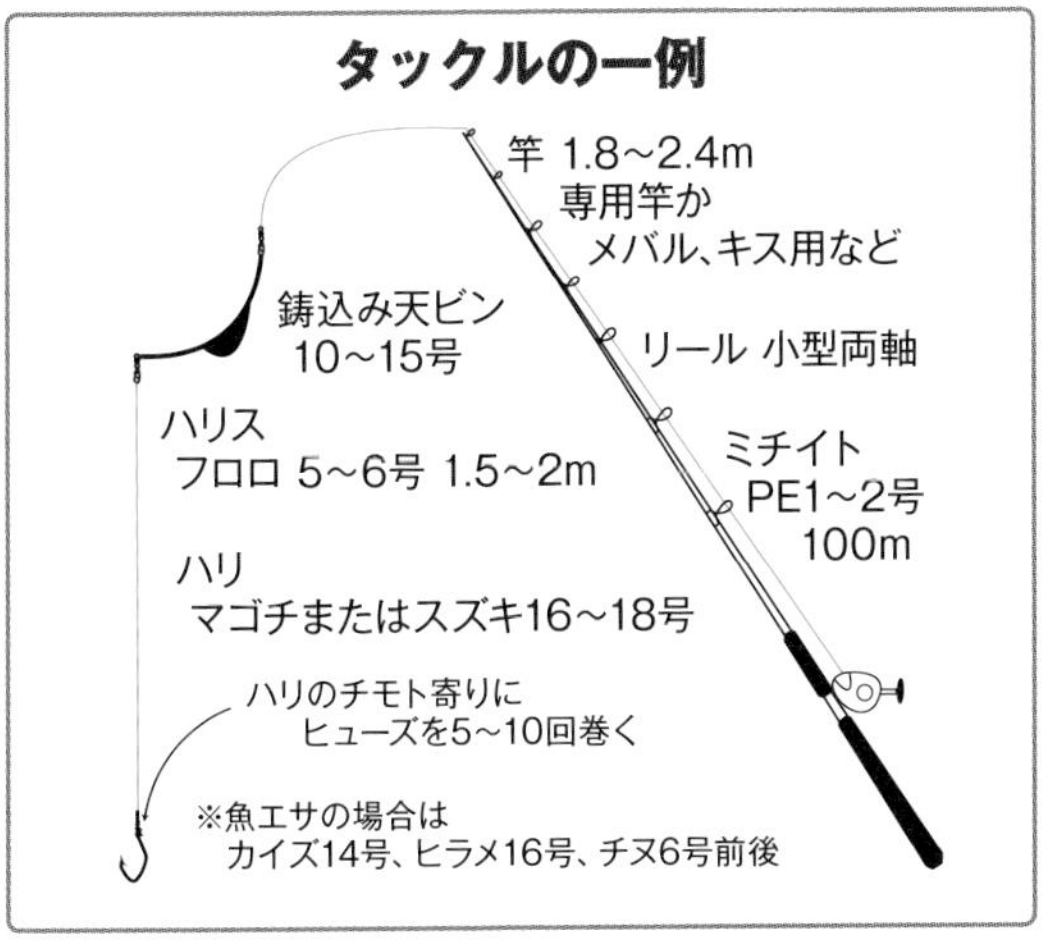

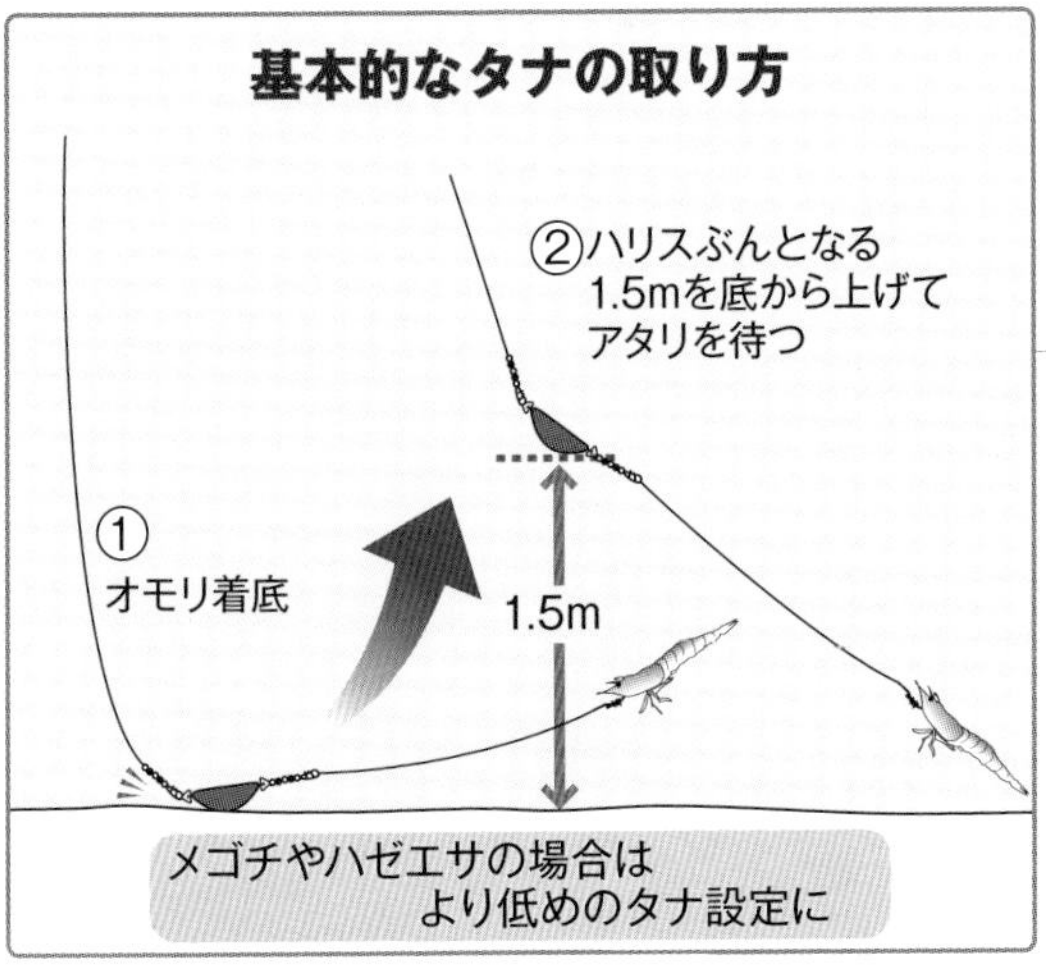

第4章
沖釣り魚種別釣法
マダイ

三拍子そろった沖釣りの代表魚
コマセは誘い上げと落とし込みが肝心
違和感があったら即アワセがテンヤの基本

引き味、見た目の美しさ、食味と三拍子そろった沖釣りの代表魚と言えるマダイ。多くの釣り人を虜にする三段引きをぜひ堪能してほしい。

タックル（コマセマダイ）

【竿・リール・ライン】

竿はオモリ負荷20～30号の6対4から5対5調子、ムーチングと呼ばれる胴から曲線を描くタイプ。比較的穏やかな海域では全長2・7メートル、もしくはその前後の長さが操作性もよく、持ち重りもせず扱いやすい。またエリアによっては3メートル前後と長めの竿が波の上下を吸収、仕掛けを安定させてくれるのでオススメ。

専用竿では長さに続き、硬さ（オモリ負荷）を示すSやMという表記がされているものが少なくない。硬さはそれぞれ好みだが、使用オモリ（ビシ）80号で考えると中級～上級者はSタイプ、初心者はMタイプと若干張りのあるタイプがコマセを振りやすく、アタリも明確なので使いやすい。

リールは巻き上げパワーよりドラグ性能重視でスムーズな滑り、巻き上げができる小型電動、または中型両軸タイプ。手返しの点から小型の電動リールが主流となっている。

ミチイトはPE3号を基準に200～300メートル巻いておく。視認性がよく10メートルごとに色分けされた1メートル、5メートルにマーキングのあるもの。先端にチチワをつくっておくとスナップの脱着が用意に行なえる。

【仕掛け】

テンビンは1・5～2ミリ径の腕長35～45センチ、クッションゴムは1・25～2ミリ径1メートル。ビシはステン缶、またはプラビシのM～Lサイズ60～80号のエリアがほとんど。プラビシのコマセ放出量を調節するときは、かならず上下放出穴の調節を行なうこと。プラビシは中身が見え、コマセ放出の調節が比較的容易。

ステン缶は穴の個数に要注意。緩く詰めたり、潮が速いときは、タナに届いたと同時に全コマセが放出といったこともあるので、ある程度の慣れが必要。

タックルの一例

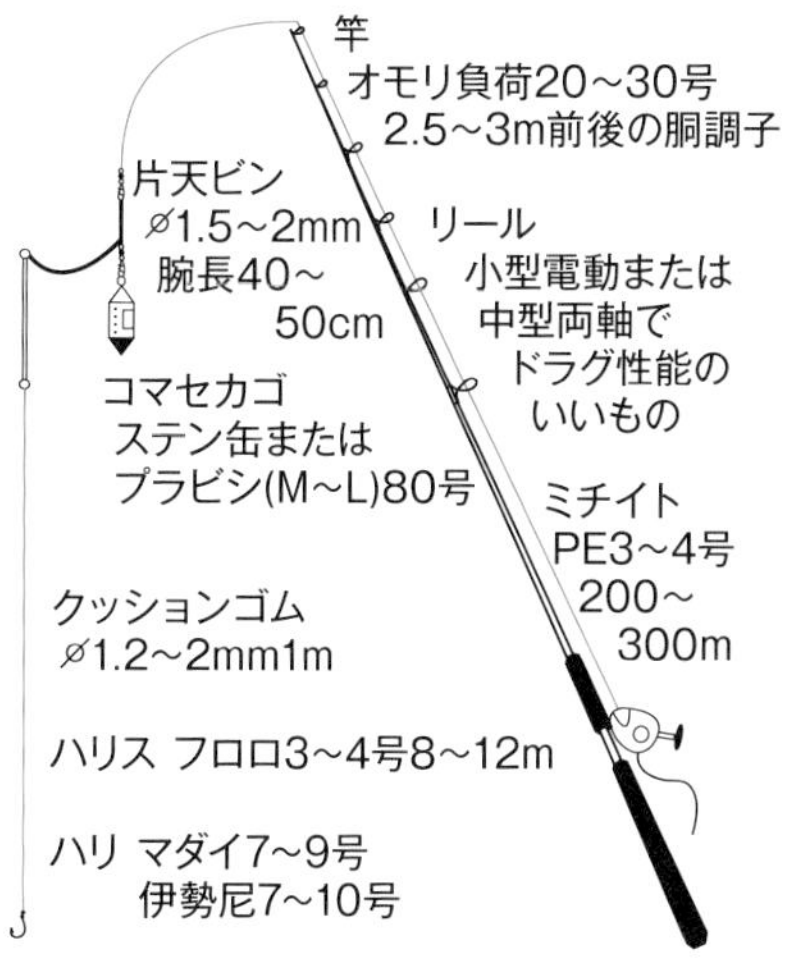

ステン缶は使い慣れてくると、竿をシャクったときの感覚でコマセが残っているかどうかがわかるようになる。放出量を抑えたいときはゴム栓で穴をふさぐ。最近は上口、または上下口の調節ができるタイプも。

大型が有望ならハリスはフロロ4号を基本に、状況によって3～3・5号を使う。長さは8～10メートル。

ハリはマダイ8～10号、伊勢尼7～10号など。チモトの夜光玉やパールビーズは好みだが、サバやエサ取りが多いときは外す。

【エサ】

オキアミの1匹掛けが基本。尾からハリを刺し、オキアミがまっすぐになるところから腹側にハリ先を抜く。

【テーパー仕掛け】

この仕掛けのメリットは上ハリスが太く重いぶん、通しの仕掛けより沈下速度が速く、より速くマダイのタナに付けエサを届けられること。とくに静岡の一部など潮が速いエリアでは仕掛けが浮き上がる傾向にあるが、2段テーパーを使うことで、ある程度防ぐことができる。

【2本バリ】

下バリから2メートルの位置に枝ス10センチの2本バリ仕掛けを使うことが多い。「コマセバリ」という呼び方もするが、タナを探る場合や、マダイの活性を知るうえで有効。

釣り方(コマセマダイ)

【投入】

テンビン、ハリスの順に仕掛けを投入。サオはホルダーに掛けたままテンビンを海中へ。リールのクラッチを切ると同時に親指でスプールをサミング、一方の手でハリスを誘導しながら徐々に仕掛けを下ろし、ハリまで30〜40センチのところにきたら付けエサを静かに落とし、ここから一気に落とす。

【タナ取りが海底からの場合】

ビシ着底後、すばやくイトフケを取る。正確な水深を把握したうえで2〜3メートル巻き上げ、そこで竿を大きくシャクりコマセを放出。さらにタナまでリールを巻き、ここでもう一度コマセをまく。タナは指示がない場合、ハリスの長さ分〜プラス1メートルでスタート。ハリス全長が8メートルならビシが底から8〜9メートルの位置になるようにセット。

まず1分半〜2分で仕掛けを回収。付けエサの有無を確認し、エサが取られていたら仕掛け回収時間を早める、またはタナを1メートル上げる。エサが残らない場合はさらに1メートルタナを高くし、付けエサが残ってくるまでタナを上げていく。

エサが残るようになったら、タナ取り後1分半〜2分で竿をゆっくり上げて誘う。タナは維持したまま待ち時間を長くする。

誘いは竿をゆっくり上下させるほか、静かにミチイトを1メートル伸ばして間を取ったのち、静かに1メートル巻き上げる落とし込み演出もある。

コマセワークは底上2〜3メートル、またはハリス全長の半分くらいで1回、タナで1回が基本。ただ、ビシを不用意に底まで落とすと、マダイを散らすことになるので慎もう。コマセは2回程度の誘いでなくなるように調節。

【タナ取りが海面から指示される場合】

指示ダナ＋5〜6メートル下まで仕掛けを沈める。例として指

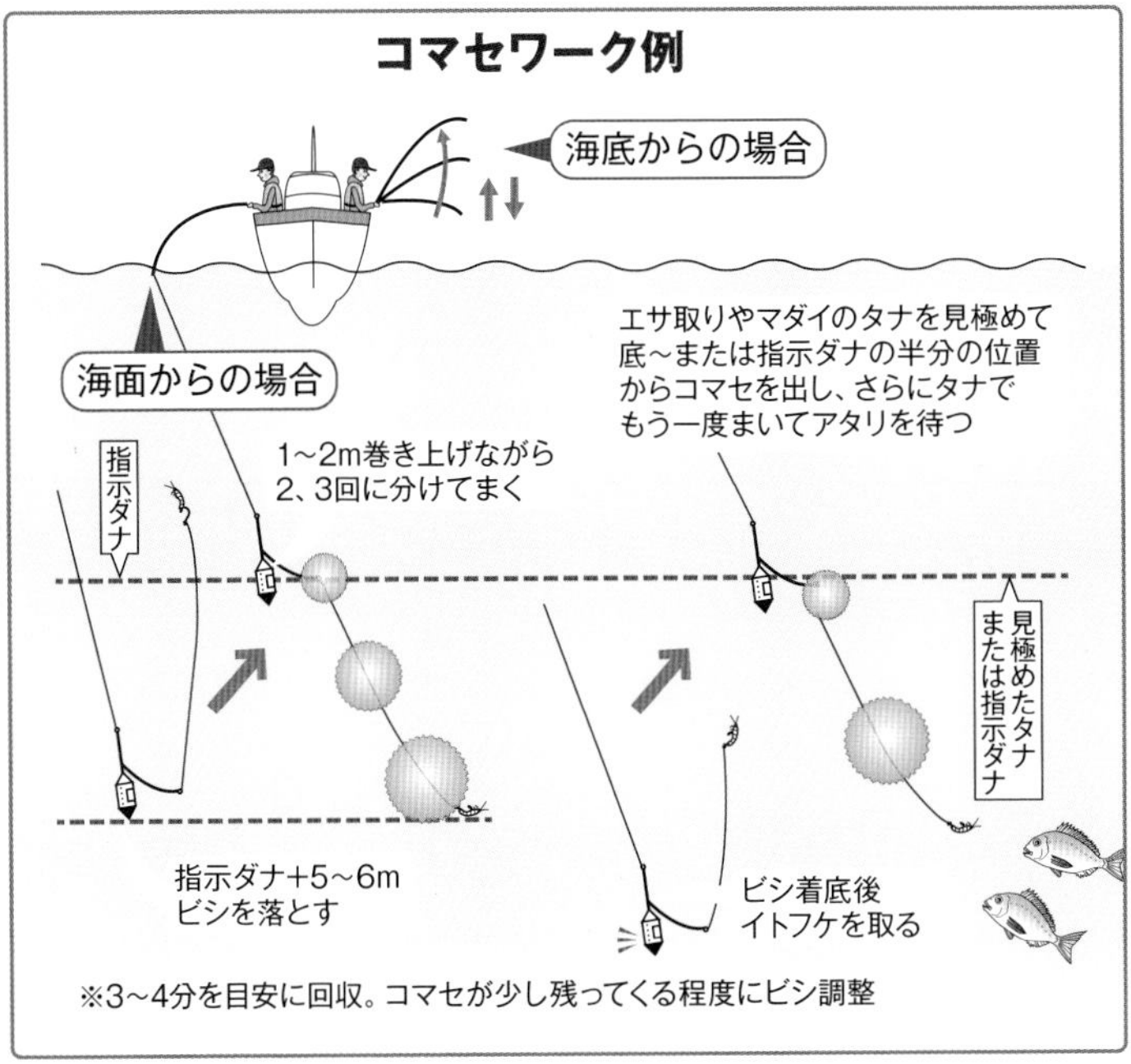

示ダナが50メートルの場合、ミチイト5色＋5～6メートルの位置までビシを下ろし、ここからコマセワークに入る。コマセは1～2メートル巻き上げながら2、3回に分けて撒き、ミチイトの5色目と6色目の境目が海面にくるようにセット。

1～2分待ってもアタリがない場合は、指示ダナでゆっくり大きくサオをあおって誘う、投入時と同様にビシの位置を5メートルほど下げて誘い上げてくる、1～2メートルゆっくり落とし込む方法などがある。

【アタリ】

鈍いアタリが出ることもあるが、アワセは胴から絞り込まれてから竿を立てる。ドラグは緩めに設定しておき、魚の大きさに合わせてやりとりする。とくに産卵のために深場から浅場へと寄ってくる時期は、思わぬ大型がヒットすることが多い。無念のハリス切れ…とならないよう、リールはゆっくり手で巻いて慎重に。

タックル（テンヤマダイ）

【竿・リール・ライン】

竿は2・2～2・5メートルほどの専用タイプがベスト。8対2～7対3調子で、極小のテンヤの着底や、わずかなアタリをとらえることができる穂先感度のいいものを選びたい。また、ガイド性能も重要で、ライン滑りのいいガイド搭載モデルがオススメ。持っていない人はキス用やメバリング用で代用可能だ。
　リールはドラグ性能に優れ、PE1号を200メートルくらい巻ける2500～3000番クラスのスピニング。ミチイトは視認性のいい10メートルごとに色分け、5メートルと1メートルにマーカーの入ったPE0・6～0・8号150～200メートルを巻いておく。より自然なライン放出が必須なので、下巻きするなどスプールいっぱいに巻くことが大切。サキイトはフロロの2～3号3～5メートルが基準。

【テンヤ】

　攻めるタナがさまざまなので、5～12号を幅広く用意したい。潮の速さや魚の活性に応じて号数を使い分けよう。号数が大きいほど着底がわかりやすく、初心者は重めから始めるといい。船宿に使用号数を聞いてそろえておきたい。
　テンヤの色はエサ取りが少ないときは金などのアピール系、濁りが強い時や朝夕マヅメにはグローなど、水深、天候（光量）の状況によって使用する。

タックルの一例

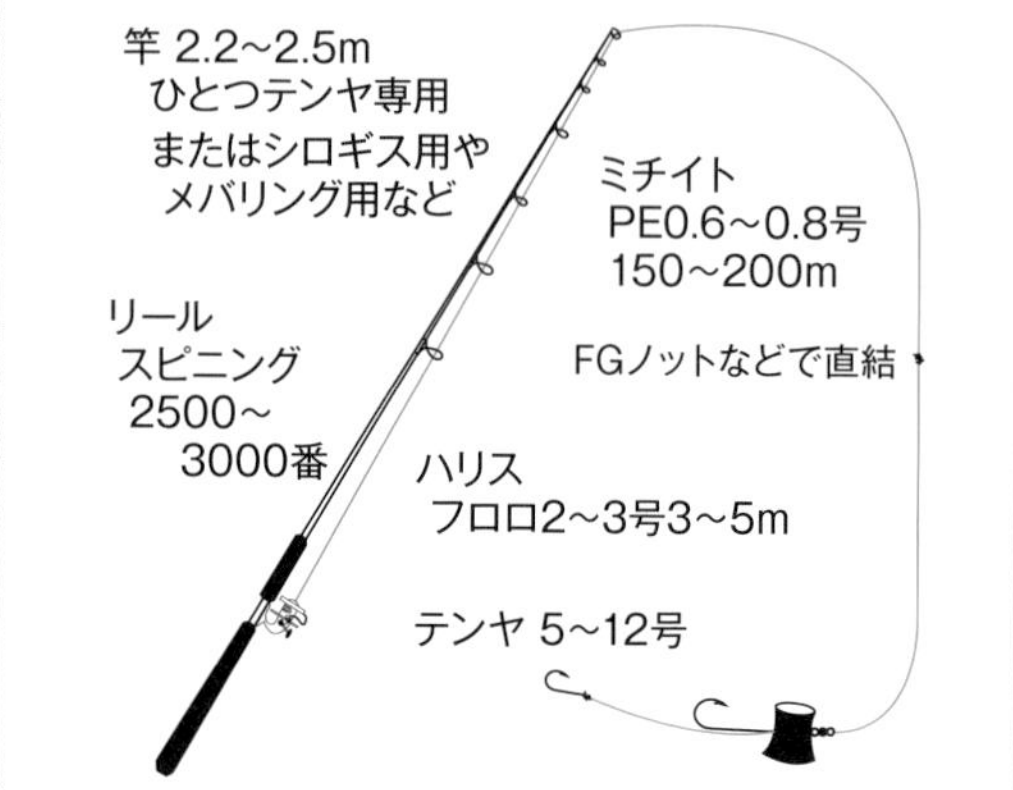

【エサ】

　エサは冷凍エビを使用。尾羽根の根元を半分残して切り取り、そこから親バリを通し、腹側に抜く。孫バリはエビの頭部に刺す。崩れないように注意して、食い渋りのときにはハリ先を頭にうずめるようにしたり、横から刺したりと、その日の食いに合わせて工夫するといい。時期によっては活きエビが調達され、数釣りが有望なことがある。

釣り方（テンヤマダイ）

【投入～着底】

　竿の反動を利用して、テンヤをやや潮上にアンダーキャスト。リールのベールを起こし、人差し指でサミングしながらテンヤを底まで落とし込む。このとき、竿を上下させラインの落下をアシストする。

テンヤが着底するとミチイトがフケるので、すばやく巻き取ってミチイトを張る。まず、底を取れる（着底がわかる）ことがこの釣りの基本だ。

【誘い】

若干底を切ってテンヤを浮かせた状態（ベタ底～50センチくらい）でしばらくアタリを待つ。ここで反応がなければ、竿いっぱいに大きくゆっくりとシャクり上げ、テンションフォール（ミチイトを張った状態でゆっくりサオ先を下げていく）でテンヤを落とし込む。

潮の速さによって違うが、この誘いを2、3回繰り返すと潮流の影響でテンヤが浮き、ミチイトは斜めになり、底が取れなくなる。ここでミチイトを出すのではなく、いったん仕掛けを回収。エサのチェックをして再投入。これを繰り返しながら根気強く攻める。

【アタリ】

アタリは最初の落とし込み中や、着底直前に訪れることが多い。ただ、イワシなどのベイトが回遊しているときには、中層でアタることも。ミチイトの色分けとマーカーを見ながら、つねに水深を把握しておくことが大切だ。

アタリは竿先にコツンと小さくでたり、ミチイトがフケるなどさまざま。違和感があったら、シャープに即アワセを入れるのが基本となる。

ただ、活性次第で食い込む（フッキングに至るまで）タイミングに誤差はある。即アワセなのか、ひと呼吸おいてからアワセるのか、その日のタイミングを見つけることが釣果を左右する。

【やりとり】

アワセが決まり魚が掛かったら、竿を立てて一定の速度で巻き上げる。竿を上下させながらの巻き上げはバラシにつながりやすいため、極力避けたい。

良型がヒットすると一気にリールからラインが引き出される。焦って無理に止めようとすれば切られるので、走りが止まるまで待つ。

大ダイだとラインが引き出され、巻き上げとの繰り返しが続く。タックルと仕掛けを信用し、駆け引きを楽しむくらいの気持ちで海面まで浮かせよう。フィニッシュは確実に船長にタモ取りをお願いするのが賢明。

美しい沖イカの代表格
合図後はすばやく仕掛けを投入 シャクリの間にかならずポーズを入れる

透き通る身の美しさはイカ類のなかでも一番と称されるヤリイカ。秋から春の人気ターゲットだ。

タックル

【竿・リール・ライン】

竿は繊細なアタリをキャッチできる9対1か8対2調子で、2メートル前後の専用のものがベスト。

リールはミチイトのPEライン3〜4号が300メートル以上巻けるキャパシティがある電動。多点掛けになるとかなり重いため、パワーがあるタイプが好ましい。

【仕掛け】

ミキイト4〜5号、エダス3〜4号10センチ前後に、11センチプラヅノと呼ばれる擬似餌の5〜7本ブランコ式が標準。サバが多いときは直結式が有利だが、エダスがないぶんイトを緩めるとバラシにつながる。ビギナーには、確実に取り込みやすいブランコ式がオススメ。

ツノのカラーは、一般的に澄み潮時には蛍ムラや薄いブルー、ピンクなど。濁り潮時には、濃いブルーや濃いピンクなどを中心に選択するといい。

ビギナーは各メーカーから発売されている市販品、または船宿特製のものを購入することを勧める。さまざまな状況に対応できるよう、均等に配色されているので便利だ。

ミチイトと仕掛けの間には5〜15号の中オモリを介す

る。ツノをより躍らせる、またはより底を狙うために用意しておきたい。

　オモリはエリアにより違いはあるが、120〜150号がメイン。仕掛けを投入するときに使用する投入器の有無と合わせ、釣行前に電話で確認したい。

釣り方

この釣りでもっとも重要なのはすばやい投入。群れが濃く、活性が高いときは多少投入が遅れても乗るが、このイカは最初に目にしたツノに乗る傾向が強い。そのため、いかに早くタナに仕掛けを入れるかが釣果を左右する。

　投入器は、ロッドキーパーの下手にセット。ツノは上から順に、竿に近いほうの穴へ入れる。

　開始の合図とともにオモリを潮上に投げ入れ、リールのクラッチをオフ。竿をキーパーから外して竿先を海面に向け、着底を待つ。

　着底したらすぐにイトフケを取り、ゆっくりと聞き上げる。とくに潮回り後の1投目は乗ってくる確率が高いので、この動作はかならず行ないたい。乗らなければ、50㌢〜1㍍刻みに指示ダナ上限（通常底から10㍍前後）までシャクって誘い、ふたたび底まで落として誘う。シャクリは優しくソフトに行ない、シャクリとシャクリの間にはポーズを入れることが大切だ。

　乗ったらイトのテンションを緩めず、一定の速度で巻き上げる。慎重になりゆっくり巻きすぎると船の揺れやウネリなどでバラしてしまうため、中速程度のスピードが最適。最初は1尾ずつ取り込めばいいが、イカ釣りの醍醐味は多点掛けしたときの重量感。1尾乗ったら手巻きで数㍍ゆっくり巻き、重みが増したら電動リールのスイッチを入れる。

　取り込みは1尾ずつ船内へ入れて外し、ツノを投入器に入れていく方法が望ましい。

タックルの一例

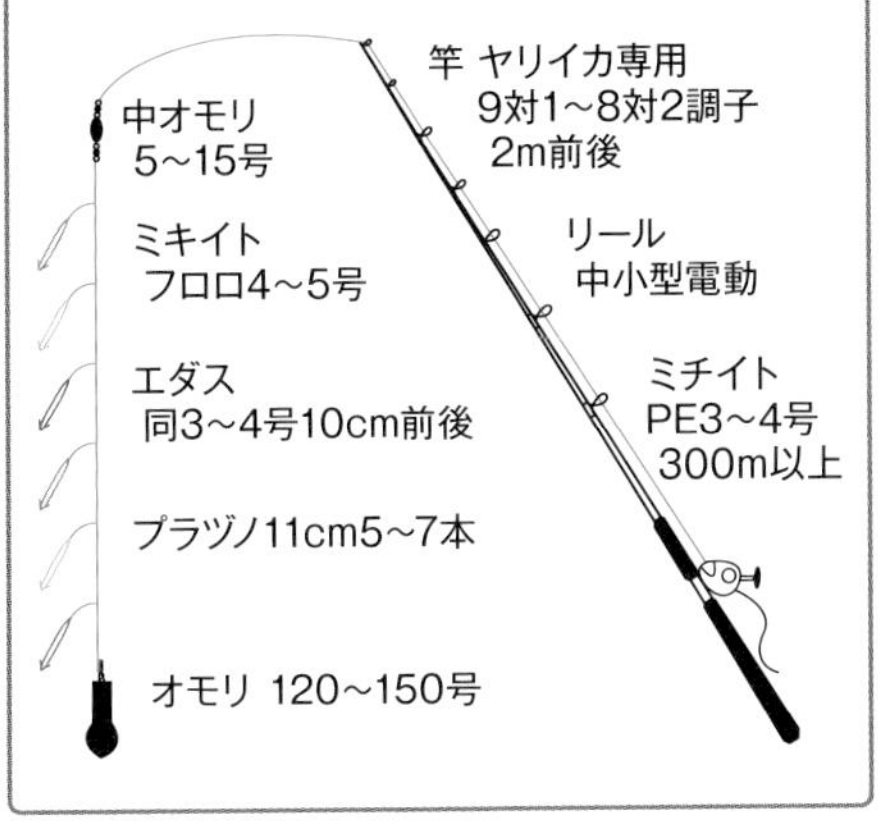

強烈なパワーファイトを堪能
オキアミ＋イカ短がエサ取り対策に効果的 チームプレーで群れをとらえよう！

強烈なパワーファイトを気軽に楽しめるターゲット。カマは塩焼き、切り身を照り焼き、もちろん味噌煮も竜田揚げも美味。ブリ大根の要領で調理してもいい。

タックル

【竿・リール・ライン】

竿はオモリ負荷50号クラスの2・5《メートル》前後。調子は6対4〜7対3で、胴に張りがあるものがいい。マダイ用でも代用できるが、青物専用タイプが最適。しなやかな曲がりで折れにくいグラスワンピースロッドを愛用する人も多い。

リールは相応のパワーがあるものを用意。手巻き、電動ともに中型以上のものを用意する。非力なものだと、掛けたはいいが巻き上げられず、オマツリを誘発してしまうので、トラブル防止の意味でも、巻き上げ力のあるリールが望ましい。

ミチイトはP

タックルの一例

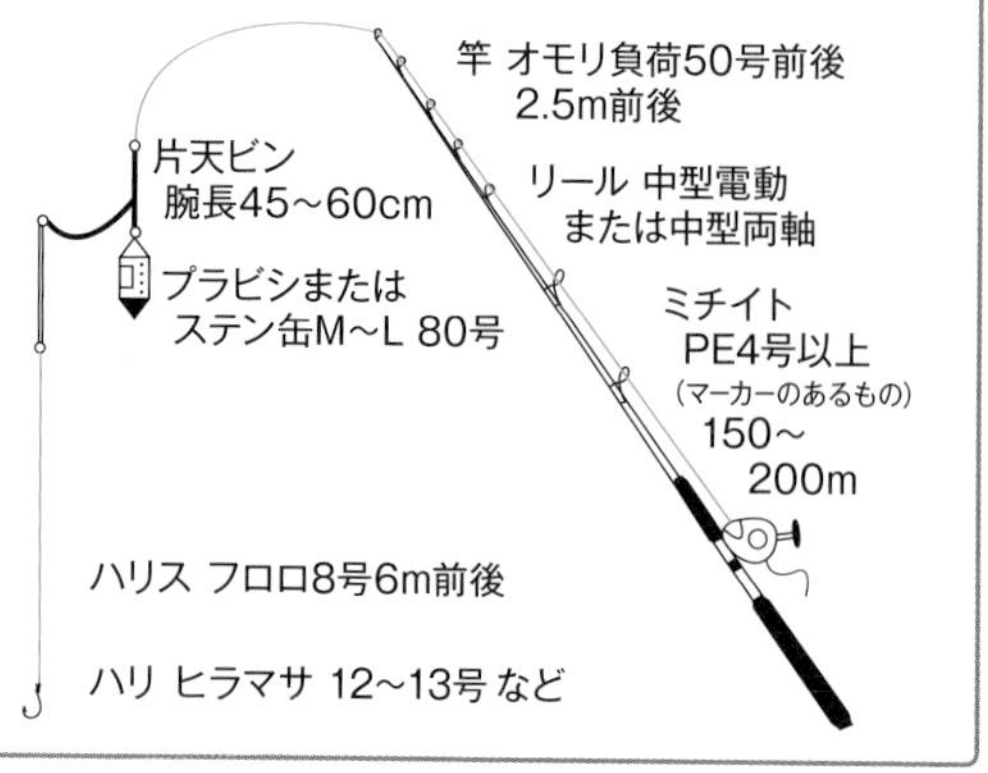

E4号以上で、タナ取りが重要なのでマーカーがあるものを使う。ハリスは5~10号6《メートル》前後、ハリはワラサ、青物、伊勢尼など。

ビシは80~100号 Lサイズ。

【エサ】

エサはオキアミを抱き合わせて付ける。尾羽根を切り、切り口からハリ先を入れて腹側に抜く。もう一匹のオキアミは腹側からハリ先を刺す。エサ取りが多いときにはオキアミの間にイカの短冊を挟むと効果的。

釣り方

竿はホルダーにかけたまま、ビシに軽くコマセを詰めてエサを付け、テンビンを投入。リールのクラッチを切ると同時に、親指でスプールを押さえてサミングし、一方の手でハリスを誘導しながら徐々に仕掛けを下ろす。ハリまで30~40《センチ》のところにきたら付けエサを静かに落とし、ここから一気に海底または海面からの指示ダナ下へ。

タナ取りが底からの場合、ビシ着底後、すばやくイトフケを取る。正確な水深を把握したうえで2~3《メートル》巻き上げ、そこから1《メートル》刻みにコマセをまいてからタナにセット。指示ダナは「ハリスぶんプラス○《メートル》」、または「その前後を探って」というように船長から言われるが、メインはハリス+2~4《メートル》の範囲。また、コマセワークは一度の誘いでまき切るくらい積極的に行ない、誘いは優しく、ゆっくりが基本だ。

タナ取りが海面からの場合、指示ダナ下の4~5《メートル》まで仕掛けを落とし、そこから小刻みにコマセをまいて指示ダナへ。たとえばタナが30《メートル》の場合、ミチイト3色+4~5《メートル》下まで仕掛けをおろす。誘いは同様に行なうが、指示ダナは守ること。タナを探りたい場合は、ハリスを1~2《メートル》長くして対応する。

いずれにの場合も、この釣りはチームプレイ。ときどき船下を通る群れを足止めするため、皆でコマセをまき続けることが肝心だ。

アタリはほとんどの場合、竿が胴から一気に曲がる強烈な引きが訪れる。できるだけイトは出さず、竿の曲がりで引きをかわし、電動リールのスイッチオン。魚の頭を上に向け、あまり遊ばせずに巻き上げる。隣や反対の舷とオマツリしたら声をかけ合ってすばやく対処し、時合いを逃さないように。タモ取りは皆で協力し合って行なおう。

令和最新版 海釣り 釣果がみるみる上がる! 完全読本

＜執筆協力＞
阿部慶行／浅井達志／岩室拓弥／射手矢和晃／奥野太郎／川上克利／菊池英則／杉本隼一
中谷英明／長谷川靖之／濱田晃行／平塚悠介／檜垣修平／丸山　明／松村計吾／前西喜弘
籔本大地／横山准司／渡邉長士

＜製作協力＞
アキレス株式会社／株式会社エイテック／株式会社オーナーばり／グローブライド株式会社
株式会社ささめ針／株式会社シマノ／タカ産業株式会社／高階救命器具株式会社
第一精工株式会社／株式会社ティムコ／株式会社ハヤブサ／広松久水産株式会社
株式会社プラスエム／冨士灯器株式会社／マルキユー株式会社

令和最新版 海釣り完全読本
2021 年 7 月 5 日　第 1 刷発行

編　著　TSURINEWS
発行者　船津紘秋
発行所　株式会社週刊つりニュース
〒 160-0005 東京都新宿区愛住町 18-7
TEL：03-3355-6401（代表）

発売所　株式会社文化工房
〒 106-0032　東京都港区六本木 5-10-31
TEL：03-5770-7114

印刷・製本　株式会社光邦

ISBN978-4-910596-00-6 C2076